별빛 느꺼운 구운몽원의 밤
노도 섬 일기 2

별빛 느껴운 구운몽원의 밤

노도 섬 일기 2

초판 1쇄 발행 2024. 11. 20.

지은이 변영희
펴낸이 김병호
펴낸곳 주식회사 바른북스

편집진행 황금주
교정진행 박히연
디자인 한채린

등록 2019년 4월 3일 제2019-000040호
주소 서울시 성동구 연무장5길 9-16, 301호 (성수동2가, 블루스톤타워)
대표전화 070-7857-9719 | **경영지원** 02-3409-9719 | **팩스** 070-7610-9820

• 바른북스는 여러분의 다양한 아이디어와 원고 투고를 설레는 마음으로 기다리고 있습니다.
이메일 barunbooks21@naver.com | **원고투고** barunbooks21@naver.com
홈페이지 www.barunbooks.com | **공식 블로그** blog.naver.com/barunbooks7
공식 포스트 post.naver.com/barunbooks7 | **페이스북** facebook.com/barunbooks7

ⓒ 변영희, 2024
ISBN 979-11-7263-837-5 03810

• 파본이나 잘못된 책은 구입하신 곳에서 교환해드립니다.
• 이 책은 저작권법에 따라 보호를 받는 저작물이므로 무단전재 및 복제를 금지하며,
이 책 내용의 전부 및 일부를 이용하려면 반드시 저작권자와 도서출판 바른북스의 서면동의를 받아야 합니다.

별빛 느껴운 구운몽원의 밤

노도 섬 일기 2

변영희 에세이

바른북스

작가의 말

―

그동안 웃고 울고 지나온 발자취를 더듬어 보려는 의도일까. 한 생각 한 순간이 더할 나위 없이 소중하고 애틋했다. 집을 떠나 멀리 외로이 살면서는 오히려 쓰지 않고 태연스레 지내기는 더욱 난제였다.

지구별에 등장한 몽구(蒙求)*처럼 한자리에 앉기만 하면 읽고 쓰기로 하루가 열리고 닫히기를 수삼 년, 나에게 부과된 현생의 과제물을 수행할 시기가 도래한 것일 수도 있다.

글. 쓸수록 참 어렵다. 생애 최초로 열세 살 초경을 겪는 소녀처럼 늘 조심스럽다.

이제 저녁노을뿐 아니라 산들바람도 즐기면서 유유자적(悠悠自適) 걸어온 그 길을 묵묵히 가자는 생각이다. 투명한 밤하늘에 북두칠성이 빛나 새날이 밝아올 때까지.

2024년 가을 文苑 변영희 두 손 모음

---

* 몽구(蒙求): 어리석은 사람이 스승을 구한다는 뜻이다.

작가의 말

차례

제1부

포도주 한 잔	12
금강경 동산의 청개구리	17
연근조림	22
건강 '이상 없음'	26
노도 섬 일기 – 세탁기 난동(亂動)	29
멋쟁이 노도 할머니	34
한밤중 잠이 깨어	40
시장이 반찬	44

제2부

앵강만 고등어	50
읍내 풍경	55
별빛 느껴운 구운몽원의 밤	61
탐관오리처럼	67
현혹, 미혹, 유혹	72
도한(盜汗)	78
한번 앉으면	82
《사라 숲 바람의 말》 – 곽정효 작가의 소설을 읽고	86

제3부

고향에 가고 싶어!	92
오리무중	98
대청호 언덕을 그리며	102
절집 나들이	106
아버지의 딸	111
나 어릴 때	117
눈물 젖은 고구마	121
비 오는 날 추억에 젖어	126

제4부

때로는 저녁노을을	136
이런 줄도 모르고	141
함박눈	144
눈 내려 상서로운 날	148
건강한 신체 건강한 정신	152
적국에 나포된 듯	155
기적의 날	159
고향이 그리워도	162

제5부

집에 돌아왔다   170
서설(瑞雪)   174
큰스님   178
어느 날 그런 일이   183
각자도생(各自圖生)   187
컴퓨터난(亂)   192
비몽사몽   198
네잎클로버의 경고   202

∴ 장편소설《남해의 고독한 성자(聖者)》후기   206

제1부

포도주 한 잔

베란다 선반에서 포도주병을 발견했다. 왜 그 자리에 있는지 어떤 기억도 없다. 나는 포도주병을 바라본다. 차디찬 느낌이 무엇인가 나에게 말을 걸어오는 것 같았다. 주방으로 들고 왔다. 먼지가 보얗게 덮여 있는 포도주병을 타올로 닦아냈다. 대체 이게 언제 우리 집에 들어온 거지? 누가 가져온 것일까.

나는 포도주병을 높이 쳐들고 자세히 들여다본다. 이것저것 복잡하게 생각할 필요 없다. 무슨 맛인가. 한잔 마셔나 볼까. 나는 장난기 반 호기심 반으로 병마개를 땄다. 병마개가 내 손가락의 힘이 형편없음을 시험하는 모양새였다. 나는 그것을 힘주어 열었다. 이내 술 냄새, 화이트와인의 향내가 새어 나왔다.

조심조심 유리컵에 따랐다. 냉수를 마시듯 바로 입안으로 술잔을 기울였다. 새콤달콤한 맛이 독하지도 역하지도 않았다. 잠시 후 속이 따스해지는가. 화끈거리는가. 그 기분을 애써 배척하고 싶지 않았다.

콸! 콸!
또 한 잔을 컵에 부었다. 이번에는 좀 더 많은 양을 따랐다. 꽉 조여져 있는 마음의 주름이 펴지는 듯, 공연히 넉넉해지려고 한다. 내면의 빗장이 헐거워지는 감이 있다. 심신이 느슨하게 풀어지는, 아! 사람들은 이런 맛으로 술을 마시는가. 그러나 최초의 한 잔이지 두 잔은 나에게 버거웠다.

어릴 때 술 담그는 어머니를 자주 본 것 같다. 찰밥을 쪄서 넓게 펴 말리고 누룩을 만들어 막걸리를 담근다. 얼마 후 술을 거르면 지게미가 남는다. 어머니가 몸져눕거나 바빠서 술을 담그지 못하면 어머니는 우리 형제들에게 주전자를 들려주고 술도가에 가서 술을 사 오라고 했다.
장터를 지나 북쪽으로 한참 걸어 올라가노라면 무심천 둑 못미처, 길가 큰집에서 술 냄새가 진하게 번져왔다. 어린 마음에도 그 냄새가 결코 혐오스럽게 여겨지지 않았다. 술도가에는 큰 술독들이 여간 많지 않았다.

오빠와 나는 주전자 뚜껑이 들썩거릴 정도로 꾹꾹 눌러 담아주는 술주전자를 하나씩 떨쳐 들고 집으로 달려간다. 술을 길바닥에 질금질금 흘리기도 했다. 우리의 심부름은 대체로 성공이었다. 집 안은 또 그날의 손님을 위한 음식 장만이 한창이어서 우리는 가족의 일원으로서 작으나마 한 가지 역할을 성실히 수행한 데 대해 뿌듯하게 생각할 수 있었다.

아버지의 사업 관계로 항상 사람들이 번다하게 출입했다. 지방에서 올라온 사람들은 더러 우리 집에 머무는 경우도 발생했다. 안채의 방 4개와 사랑채 2개 그리고 뒤란의 새로 들인 방까지 사람들이 벅신거렸다. 손님 대접에 막걸리가 필수였던가. 어머니는 우리에게 막걸리를 사 오도록 심부름을 시키거나, 대개는 어머니가 손수 술을 빚어 대접하는 것 같았다.

집에서 술을 담그면 좋은 점이 있다. 술을 거르고 남은 지게미였다. 우리 형제들은 그 지게미 한 보시기에 설탕을 타서 먹었다. 동네 아이들이 몰려오면 그들에게도 한 숟갈씩 떠먹게 했다. 까짓 눈깔사탕이나 센베이 과자 종류에 비교할 것이 아니었다. 알딸딸한 게 심신이 노글노글 풀어지면 아이들의 세상은 금세 노래나라로 이어지게 마련이다. 턱없이 즐거워지는 것이다.

화이트와인 덕분에 옛 생각이 떠올랐다. 옛 생각은 6.25 한국

전쟁의 고생담이 아닌 경우, 행복하고 유쾌하다. 포도주 한 잔에 더욱 아름답게 포장되어 아련한 그리움을 일깨운다.

오늘은 아름답고 아련하기는커녕 슬프다. 오늘뿐만은 아니다. 그놈의 슬픔이 쉬이 소멸할 것 같은 기색도 보이지 않는다. 나는 은우(恩佑)의 생명을 붙잡지 못한 것에 대해서 매양 혹독한 자책을 하고 있다. 8년 전의 일이지만 결코 잊을 수 없는 두 녀석 엄마의 죽음이었다. 코로나19로 중학교에 입학하고도 입학식은 고사하고 운동장도 밟아보지 못한 작은 녀석. 학교에 못 가는 대신, 근근 스터디로 학업을 이어가는 큰 녀석도 꼼짝없이 아파트 공간에 갇혀 생소한 온라인 수업을 한다. 이럴 때 어쩔 수 없이 가장 생각나는 사람이 그 애들의 엄마가 아닌가. 눈앞에 교사가 있어도 한눈팔거나 친구와 장난을 칠 수 있는 아이들인데 지금은 집에 저들 둘뿐이다.

가끔 책가방을 짊어지고 우리 집으로 온다. 내가 그들의 수업을 도와줄 수가 없다. 학습 분량도 엄청나고 또한 사춘기인 그들은 참견하거나 학습을 돕기 위해 내가 접근하는 것을 달가워하지 않는다. 코로나19가 아니라면 학교에 가서 친구들과 뛰어놀고 어려운 문제도 서로 도와 같이 해결할 수 있을 텐데, 이런 때일수록 그들은 엄마 있는 애들이 무척 부러울 것이다.

살짝 책가방을 열고 살펴보았다. 영어는 제법 따라가는 것 같았다. 수학이 문제였다. 그 애들 엄마가 수학 전공이니 얼마나 좋은 조건이었던가. 남들 다 있는 엄마가 두 녀석에겐 없다니, 내가 무엇을 잘못해서 그 애들 엄마가 하늘나라 간 듯 마음이 착잡하다.

한번 슬퍼지기 시작한 내 마음이 코로나19와 혹한 때문에 쉽게 개지 않는다. 뜬금없는 포도주 한 잔으로 상처가 도지게 되었다. 나는 자리에서 벌떡 일어난다. 포도주병을 번쩍 들어 하수구에 부어버린다. 포도주 향기가 집 안 구석구석으로 퍼져나간다. 어쩌면 그 애들 엄마가 가져왔을지도 모르는 화이트와인! 아마도 내 추측이 틀림없을 것이다. 아들은 시원한 캔맥주를 선호하고, 딸은 주로 콜라를 마셨다. 포도주의 출처는 며느리와 관련 있다고 확신하기에 이른다.

"어머님! 크리스마스도 다가오는데 이거 한 잔 드시고 글 쓰세요!"

그녀의 해맑은 음성이 귓전에 맴도는 것만 같다. 대청소를 시작하지 않았더라면 그대로 한구석에 숨어 있을 포도주. 에잇! 고이얀! 어디에 숨어 있다가 이제 나타나서 나를 울리냐? 나는 포도주병을 쳐들고 콸콸 한 방울 남김없이 쏟아버린다. 그 빈 병에 내 슬픔을 담아 쓰레기통에 던진다.

금강경 동산의 청개구리

며느리가 하늘나라 가고 나서 처음 맞이한 그해 봄. 제 엄마의 처절한 죽음을 겪은 여섯 살, 여덟 살, 두 녀석이 마음을 못 잡고 방황하고 있었다. 녀석들은 잠도 안 자고 밥도 잘 먹지 않았다. 창문 틈에 끼어 나오지도 들어가지도 못하고 푸드덕거리는 날벌레처럼, 동서 좌우로 왔다 갔다 서성거린다. 잠시도 안정을 하지 못한다. 저러다 병이라도 나면 어쩌나. 나는 걱정이 이만저만 아니었다.

우리 집 근처로 이사한 두 녀석을 데리고 금강경 동산에 갔다. 마음 과학이라는 금강경을 나는 수개월에 걸쳐 공부하고 있었다. 거기 가면 소나무 숲 사이로 각종 들꽃이 피어나고 연못에는 잉어와 개구리 두꺼비도 있었다. 그들이 무엇이든 흥미를 가져주기를 바라는 마음으로 개구리를 핑계 삼아 그들을 데리고 금강경 동산으로 갔다. 성질 급한 작은 녀석이 먼저 연못으로 내려간다.

"개구리다! 청개구리야!"

녀석은 연못으로 내려가자마자 청개구리가 나타났다고 소리를 질렀다. 그 소리가 얼마나 우렁차던지, 어쩌면 인근의 산 메아리가 듣고, 같이 소리를 질렀는가, 작은 녀석의 목소리는 멀리까지 울려 퍼졌다.

법당에서는 이른바 마음 과학이라는 금강경 강의가 진행 중이었다. K 법사님의 금강경 강의는 논리가 무척 간단하면서 특이했다고 할까. 어려운 일이 닥치면 어려운 대로, 기쁜 일이 발생하면 기쁨 그대로, 미움과 갈등으로 괴로우면 괴로운 대로, 그것을 몽땅 부처님께 바치면 마음이 평화로워진다고 가르쳤다. 그런저런 문제를 끌어안고만 있지 말고 그때마다 부처님께 바치면 만사가 해결되는 경이로움을 체험하게 된다는 명쾌한 이론이었다.

K 법사님이 강조하는 '바친다'의 의미는 문제를 나로부터 내려놓는다. 강력한 어떤 힘(지혜, 깨달음, 선지식)에 이입(移入)한다. 혹은 삶의 과정에서 부닥치는 온갖 걱정 근심을 객관화시켜서 거리를 둔다는 뜻을 내포하고 있다고 나는 이해했다. 꽤 합리적인 방

법이라고 여겼다. 어렵지 않았다.

무조건 주시옵소서! 믿습니다. 믿으니까 신께서 알아서 처리해 주십시오. 수동적 자세가 아니었다. 삶의 주체인 내가 능력자라는 인식을 전제로 하고, 크고 작은 문제로부터 자유로워져야 해법도 발견된다는 이치 같았다.

"하(河)야! 조용히 해! 개구리가 놀라겠다"

나는 작은 녀석을 향해 조용히 하라고 말했다. 개구리보다도 법당에서 공부하고 있는 사람들이 염려되었다. 녀석의 목청이 몹시 우렁찬 것이 한편 든든하면서도 장소와 시간이 합당하지 않은 때문이었다.

금강경 강의에 열중하는 분들에게 방해가 될까봐 소리를 작게 내려고 조심하면서 연못으로 내려갔다. 녀석이 발견한 청개구리는 아침 산책을 나왔다가 깜짝 놀랐을까? 녀석의 고성에 도망을 갔는가. 내가 연못으로 내려갔을 때는 보이지 않았다. 연못가 바위 어디에도, 수초나 창포 잎새에도 개구리는 다시 모습을 드러내지 않았다.

"개구리 언제 나오지?"

윤(潤)이가 물었다. 개구리 따위는 관심도 없다는 표정이더니 큰 녀석도 연못가로 내려왔다. 창포꽃이 노랑과 보라로 아름답게 어울린 연못 주변은 잠잠했다.

"쉿! 조용!"

두 녀석이 바위에 웅크리고 앉았다. 연못물은 미동도 없이 고요 일색이다. 5분, 10분 시간이 흐른다. 연못의 고요는 지속되었다. 개구리의 출현을 기다리는 두 녀석의 진지하고 긴장된 자세에 나는 안도의 숨을 내쉬었다.

개구리를 보고 싶은 녀석들의 간절한 마음, 마음먹은 대로 이루어진다는 금강경의 마음 과학이 움직인 결과일까. 녀석들의 일요일이 모처럼 안정 모드로 변환되는 모양새였다.

바로 그때였다. 개구리가 나타났다. 조금 전 나타났던 청개구리의 엄마일까. 몸체가 제법 큰 놈이 연못 중앙의 큰 바위에 천연스럽게 앉아 있다. 눈망울이 크고 흑갈색에 초록 빛깔을 띤 형상이 신기했다. 두 녀석이 개구리를 지켜본다. 눈빛이 호기심으로 빛난다. 녀석들은 인기척을 내면 개구리가 도망간다는 사실을 이미 알고 있는 것 같았다. 나는 금강경 동산 작은 연못에 사는 개구리가 기특했다.

"개구리 고마워!"

개구리도 마음 과학이라는 금강경을 들었는가. 나의 금강경 공부는 오늘 공쳤다. 하지만 한순간도 좌정을 못하고 우왕좌왕하는 두 녀석을 한자리에 조용히 앉게 해준 개구리가 무한 고마웠다.

바람결에 연못물이 파르르 흔들린다. 개구리가 다시 물속으로 풍당, 들어갈까 염려되어 숨을 죽인 두 녀석에게 나는 흐뭇한 미소를 보낸다.

연근조림

집 떠날 시간이 다가온다. 나는 급한 마음에 마트에 가서 몇 가지 장아찌 종류를 구입했다. 집에 와서 맛을 보니 조미료를 듬뿍 넣었는지 물컹대고 들치근한 게 내 입맛하고는 거리가 멀었다.

"에이그 돈만 버렸네"

맛이 이렇게 되면 섬에 도착하는 시각부터 나는 식사에 곤란을 겪을 수 있을 것 같았다. 걱정하면서도 이제 다른 방법이 없어 보였다.

섬에서 섬으로였다. 큰 섬은 노량대교로 가게 되어 편리하다. 노도 섬은 남해 읍내에서 택시로 달려가서 벽련항에 대기했다가 배를 타야 한다. 밥을 해결한다고 식당을 찾아 다시 나올 수는 없다. 설사 나간다 해도 낯설고 길 선 곳에서 어디서 무엇을 살지 막연할 터이다. 날도 저물어 마지막 배도 끊길 것이다.

밑반찬 하나라도 내 손으로 직접 만들어 가는 게 편리할 것 같았다. 연근조림은 궁여지책으로 나온 대안이었다.

지난봄 현장 답사할 때 그 섬에는 작은 가게가 하나 있었다. 구운몽원, 사씨남정기원, 그 위에 노도 섬의 가장 정상인 그리움의 언덕까지 한 바퀴 돌고 내려와서 너무나 목이 말라 산 아래 위치한 그 가게에 들렀다. 지하철역 어디서나 흔히 볼 수 있는 물품, 음료수 대신 생수가 있어 한 병을 사서 마셨다.

그 가게는 코로나19 발발 이후 찾는 손님이 없으므로 문을 아무 때나 열고 아무 때나 닫는다고 했다. 마을에 상주하는 주민 열 두서너 가구가 전부이고, 코로나 때문에 오가는 사람이 별로 없어 낮에도 적적하기가 산중 절간 이상이라고 했다. 가게 주인의 말을 들으면서도 식료품 구하는 다른 방법이 있겠지 하고 낙관했다.

벌써 저녁 시간이다. 채소 가게들이 문 닫을 시간이었다. 나는 지하철에서 내리자마자 재빨리 달려갔다. 문 닫기 일보 전, 연근은 몇 봉지 재고가 남아 있었다. 기왕 힘들게 조림을 할 것이면 두

봉지가 적당할까. 나는 망설이지 않고 두 봉지를 사 들고 왔다.

흙투성이 연근을 깨끗하게 씻는 것만으로도 조림의 과정에서 벌써 반은 진행한 것처럼, 씻는 데만 시간이 제법 소요되었다. 그런 다음 단단한 연근을 칼로 썰었다. 0.5mm 두께로 썬다는 게 치과에 가서 기운을 다 소진하고 온 탓인가, 손이 헛놀았다. 손이 나 베지 않으면 다행이었다.

썰어놓고 보니 양이 많아 괜히 두 봉지를 사 왔다고 걱정했다. 분량이 많으면 조리 과정이 대충, 대강, 이렇게 흘러가기 때문이다. 그것을 끓는 물에 데쳐냈다. 선풍기를 들이대고 물기를 제거한 후 냉장고에 넣었다. 더는 몸을 움직이지 못할 만큼 지쳐 있어 잠을 청했다. 다른 날보다 일찍 잠들었다.

한밤중 출현해서 가마솥 뚜껑을 엎어놓고 간다는 밤도깨비. 오늘 밤은 무슨 도깨비 출현일까. 새벽 2시에 홀연 잠에서 깨어났다. 기왕 일찍 깼으니 책을 읽자. 나는 한 권을 부탁했는데 딸이 노벨문학상 수상 작품 '애니 아르노' 책을 세 권 사 온 것이다. 한 권은 완전 독파. 정독을 했지만 같은 내용이라도 역자가 다르니 필시 내용도 상이점이 있을 것 같았다. 나는 두 권째 책을 펴놓고 읽었다.

"한밤중 잠이 깨는 데는 다 그만한 까닭이 있다"
나는 쾌재(?)를 부르며 역자의 말에 이어 일단락부터 차분히 읽어나갔다. 읽다가 눈이 피로하면 10분 동안 가부좌를 하고 명상을 한다. 나는 그 10분을 제대로 채우지 못하고 바로 눈을 떴다. 다리를 펴고 허리를 비틀었다. 다시 읽기를 시도했다. 이번에는 좌정하고 읽기 시작한 지 30분 후에 고개를 들었다. 눈도 어깨도 움찔, 조금이라도 움직이면 읽기에 집중을 못 한 것이 된다. 그런 대로 한밤중 독서는 순조롭고 성공적이었다.

며칠 후부터는 이만한 시간 여유가 없을 것이므로 일찍 깨어난 밤 시간을 활용하고자 했다. 4시다. 나는 두어 시간 잠을 더 자기 위해 책을 덮고 소등한다. 잠을 잘 만큼 자두어야 낮시간이 평화롭다.

무슨 기척에 소스라쳐 일어났다. 7시였다. 머릿속에 연근조림이 숙제처럼 새겨져 있었던가. 나는 서둘러야 했다. 드디어 대망의(?) 연근조림 작업을 시작한다. 분량이 과했다. 이런 미련을 두 번 떨지 말아야지 다짐하면서 연근조림은 완성되었다.

벅차게 여겼던 것과는 다르게 아보카도식용유와 매실청 덕분인지, 연근조림 맛은 양호했다. 나는 섬에서의 반찬 걱정을 연근조림으로 조금이라도 내려놓을 수 있었다. 마트에 진열되어 있는 유명인 라벨이 붙은 것보다 훨씬 깔끔하고 맛이 좋았다. 다행스럽게도 노도 섬에 가지고 갈 연근조림은 대성공이었다. 다른 일도 잘 해낼 수 있다는 자신감이 생긴 것 같아 흐뭇했다.

건강 '이상 없음'

내가 머물 곳은 사방에 바다가 둘러싼 외딴섬 바닷가 레지던스였다. 늦가을이라 바닷바람이 다소 추울 것 같았다. 유난히 추위를 타는 체질이어서 가볍고 폭신한 기모(?) 넣은 바지를 새로 사고 싶었다. 어, 하다가 제대로 준비도 못 하고 쫓기듯 집을 떠나게 되면 어쩌나. 외딴섬이라 읍내 나가기도 힘들 것이었다.

글 쓰는 시간 틈틈이 서포 문학관으로, 구운몽원으로 올라가지 않을 수 없을 듯, 아니 꼭 올라가야 하지 않겠는가. 글 작업이 무한히 어렵지만 춥다고 어찌 실내에만 있을 수 있겠는가. 진채봉, 적경홍, 계섬월, 정경패, 가춘운, 이소화(난양 공주), 심요연, 백능

파 등, 여덟 선녀가 가야금 연주하며 노니는 구운몽원은 어떤 느낌일까. 그리움의 언덕은 아득히 먼 곳까지 바다가 펼쳐진 더 높은 곳이었던가. 가슴이 설렌다.

지난봄 현장 답사 갔을 때 걸어본, 노도 섬 왼쪽 길은 탄탄하게 잘 닦아져 있었다. 조금 오르다가 중간에 내려가는 비탈길이긴 하지만 차도 달릴 수 있는 대로였다. 저 아래 펼쳐진 푸른 바다 풍경은 가히 환상적이었다. 콧노래를 부르며 기분 좋게 올라갈 수가 있었다. 내려올 때는 길도 익힐 겸 반대편 산길로 내려왔다.

반대편은 험로였다. 앞이 보이지 않아 자칫 발을 헛디뎌 미끄러지면 수십 길 낭떠러지로 곤두박질칠 듯, 나는 두려웠다. 다리가 후르르 떨렸다. 작은 자갈 군(群)이 운동화 밑창에 자그락자그락 밟히고 각종 나무와 잡초가 뒤엉킨, 길도 아닌 길을 간신히 통과할 수 있었다.

그러니 고급스러운 브랜드 바지는 필요 없다. 작업복도 되고 저 언덕 아랫마을로 걷기 운동 나갈 때 입을 수 있는, 포근하고 따뜻한 질감이면 족할듯싶었다.

나는 시장도 볼 겸해서 오후에 집 밖으로 나갔다. 횡단보도를 건너는데 아무래도 이 외출이 나에게 합당하지 않다는 예감이 머리를 스쳤다. 한마디로 무리였다. 아침 식사로 밥 몇 숟갈 뜨다 말았다. 그래서일까. 바지고 뭐고 나는 로데오 거리의 나무 의자에 털썩 주저앉았다.

내 몸의 이런 현상은 여태도 교통사고 후유증이란 말인가? 외출을 포기하고 집으로 되돌아왔다. 현관문 앞에 L 작가의 최근 출간한 소설집이 놓여 있었다. 원로작가 L의 노고에 감탄한다. 나는 전화를 드렸다.

"이 소설 쓰는 내내 죽을 것만 같았어. 너무 힘들었어"

L 작가가 토로했다. 책을 집필하느라고 몹시 힘들었던 모양이다. 충분히 그 심정 이해하고 남는다. 소설 작업은 누구에게나 대단한 중노동에 속한다. 먼 길 떠난다고 어수선하여 요즘 글 한 줄도 못 쓰면서 나는 왜 이리 기진맥진일까?

며칠 전 총체적 건강진단 결과를 확인했다. '이상 없음'이었다. 내 그럴 줄 알았다. 나는 늘 이상이 없었다. 그렇다면 아직도 교통사고 망령인가. 아니면 예민 체질인가. 멀리 떠나게 되어 긴장이 심한가. 나는 이제부터라도 마음을 느긋하게, 편안하게 가지도록 노력하자고 다짐한다.

노도 섬 일기

- 세탁기 난동(亂動)

 노도 섬에 온 지 사흘째 밤이다. 소음과 함께 사건(?)이 발생했다. 마른하늘에 천둥 번개라도 이처럼 사람을 놀라게 할 수가 있을까. 줄땀을 쏟으며 모기떼와 각종 벌레 그리고 건축 먼지를 어지간히 털어내고 나니 빨랫감이 쌓였다. 세탁물을 세탁기 안으로 집어넣고, 노트북을 열었다.

 막 작업을 시작하려던 참이었다. 세탁기가 대반란을 감행(?)한 것이다. 세탁물을 넣은 지 30분이 채 되었을까 말았을까. 레지던스가 뒤집어지듯, 엄청난 소음에 놀라 의자에서 벌떡 일어났다. 그 소음은 내가 앉아 있는 책상 위치에서 2~3m 정도 떨어진 주방, 식탁 상판에 부착된 드럼 세탁기가 뿜어내는 위급한 절규였다. 세탁기 몸체가 덜컹, 덜컹, 덜커컹, 덜커덩! 무섭게 굉음을 토하면서 거실 바닥으로 튀어나오는 기이한 상황이 벌어지고 있었다.

"어머! 어머! 어머나! 이를 어째? 어, 어, 어!"

나도 모르게 마구 큰 소리를 질러댔다. 괴성을 지르면서 거실을 빙빙 돌았다. 이 외딴섬에, 도시보다 밤이 일찍 찾아오는 이 산중에, 의로운 행인 한 사람 있을까. 섬 주민들이 사는 마을은 저 언덕 아래로 멀다. 내 방 좌우에 입주해 있는 문객들은 지금 식사 시간일까. 동(棟)호수가 다르니 내 비명이 들릴 리가 없다.

"어떻게 해? 어떻게 하지?"

간신히 정신을 수습하고 카톡을 날렸다. 손가락이 파르르 떨려 글자가 제멋대로 찍힌다. 관리기사가 내일 방문하겠노라고 곧 답을 보내왔다. 3호실 작가가 달려왔다. 그는 튀어나온 세탁기 사진을 찍어 단톡방에 올렸다. 그도 역시 세탁하는 중에 세탁기가 튀어나왔다고 했다. 이를테면 세탁기 난동 첫 경험자였다. 두 손으로 밀고 당겨서 겨우 원위치에 복구시켰다고 한다.
  젊은 남자 작가 그는 기계 작동 원리를 알고 있었던가. 세탁기가 튀어나온 이유를 헤아렸던가. 그가 거실 중앙으로 튀어나온 세탁기를 밀어서 옮겨주었다. 그만해도 얼마나 안심이던지 나는 옆집에 입주한 젊은 작가에게 감사했다.

갑자기 배가 사정없이 아파지기 시작했다. 화장실로 달려가야 할 만큼 절박했다. 세탁기 쇼크인가. 낮에 남해군청 문화관광과 직원분들이 방문했다. 입주작가들을 도와주고 챙겨줄 노도 주민 몇 분을 모시고 제1기 노도 창작실 입주식을 간략하게 열어주었다. 노도 창작실 최초의 입주자 입장에서 요구한 비품도 우리는 수월하게 허락을 받을 수 있었다. 사진 몇 컷 찍고 돌아와서 밥 대신 초콜릿 한 쪽에 호두와 딸기 젤리를 먹어서인가. 배가 아파 저녁밥은 아예 먹을 생각도 하지 않았다. 딸이 전화했다.

"엄마의 식사가 부실해서 배가 아픈 것 같아"

기실 집 떠나오고부터 밥을 제대로 챙겨 먹은 일이 없다. 배가 아프다는 내 말에 딸은 무엇을 더 택배 보내주겠다고 한다. 나는 딸의 제안을 거절했다. 나는 여기 호사 누리려고 온 게 아니다. 배가 아픈 건 혹 물을 갈아먹어서 그런지도 모른다. 위장이 일대 변혁을 맞이하여 괴로운가. 평소에 국을 잘 먹지 않지만 오늘은 유별나게 따끈한 국물이 간절하다. 마른 보리새우 한 줌 넣고 재래식 된장 풀어 얼큰하게 끓인 아욱국을 한 대접 훌훌 마시고 싶었다. 냉장고에 인스턴트 황탯국이 있다. 보나 마나 인공조미료 범벅인 그 맛을 누가 보장할까. 생활환경이 바뀌니 조리 기구도 식재료도 부족한 처지에 배가 아프다고 무엇을 끓이거나 만들기가 용이하지 않다. 식재료가 있다고 해도 먹는 데에 시간 쓸 때가 아니다.

　노도 창작실에 입주하고 아직 이곳 생활에 적응도 못 했는데 세탁기 난동은 무슨 악재인가. 액운을 미리 막아주는 방패일까. 오늘 겨우 짐 속에서 노트북을 꺼냈는데 사고가 터지다니! 작년 가을 토지문화재단 집필실에서 쓴 소설 초고를 보려고 노트북을 열자마자 난동이, 괴변이 일어나다니, 생소하고 외진 곳에 와서 시련이 크다면 크다. 시간적 손실도 묵과할 수 없다. 이 시련이 약이 되어 지뢰복, 전화위복의 기회가 된다면 더할 나위 없이 기쁜 일이 아닌가.

　그때 옆 동의 시인이 전화했다.

"밤바다 구경도 하고 부두에 나가보자고요. 별빛이 좋고 운 좋으면 유성(流星)도 볼 수 있어요"

　달콤한 유혹(?)이었다. 요즘 앵강만에서 고등어가 많이 잡힌다며 회 뜨는 이야기도 덧붙인다. 갓 잡은 고등어를 사 오게 되면 요리는 어떻게 하는지를 이야기한다. 그녀는 언제 어떻게 앵강만 고등어 소식을 빠르게 접했던가. 나는 세탁기 때문에 작업을 하기도, 잠을 자기도 어정쩡하다. 글 작업이 억지로 되는 게 아니다. 차라리 노도 섬의 밤하늘, 밤바다를 보러 나가기로 작정했다.

충청도 소도시에서 태어나 무심천을 바다로 여기고 성장한 나에게, 전혀 유형이 다른 기가 접속돼 상충하는 현상이 아닐까. 그다지 심각하게 고민할 일이 아니었다. 내가 잘못해서가 아니고 세탁기가 저 혼자 돌다가 튀어나왔으니 업체가 수리해 주면 해결되는 상황이다. 살다 보면 별별 일 다 생긴다. 지나고 보면 이마저도 노도 섬에서의 잊지 못할 추억이 될 것이다. 심려할 게 없다. 노도 섬 일기를 적으며 마음을 추스른 나는 시인의 밤바다 유혹이 오히려 고마웠다.

그렇다! 천 리 길 달려 노도 섬까지 더듬어 왔는데 뭐가 무서우랴. 일 되어가는 대로, 물결치면 치는 대로, 바람 불면 부는 대로, 운명이든 귀신 놀음이든, 인위적 사고이든 기계 고장이든 지나가라. 나는 언제 어디서나 온전하다. 내 영혼은 더욱 단단해지고 있다. 세탁기가 왜 겁 없이 뛰냐? 나는 점퍼를 걸치고 밤바다로 나간다.

멋쟁이 노도 할머니

　지난해 봄, 벚꽃이 온천지에 흐드러지게 필 무렵, 노도 섬에 현장 답사를 다녀왔다. 우리나라 국립공원의 자생식물을 연구하는 생물학박사와 함께해서 씽씽 힘이 솟았던가. 바다를 끼고 산길을 돌아 구운몽원, 사씨남정기원 그리움의 언덕 그 정상까지 신명 나게 올라갈 수 있었다. 그런데 돌아가는 길에 하동사거리에서 교통사고를 당했다. 뒤따르던 화물차가 우리 차를 박치기했다. 갑작스럽게 몸이 앞으로 쏠리면서 목이 뒤틀렸는가. 그 후유증으로 오래 고생했지만 노도 섬 답사는 상당한 의미가 내포돼 있었다.
　이번에 노도 섬에 석 달을 살기 위해 다시 오면서 자세히 보고 느낀 점은, 여기 머무는 동안 언제라도 갈 수 있는, 서포문학관,

서포가 임시로 머물렀던 허묘, 서포가 유배 살며 생명의 진액을 짜내어 밤새워 집필하던 초가집, 또한 구운몽원으로 올라가는 길이 매우 조심스럽고 엄숙한 길이라는 것을 체감할 수 있었다. 가파른 언덕길이기 때문만은 아니다. 그냥 한두 번 오가는 것만으로는 그 길이 품고 있는 분위기, 역사성과 유래는 이해하기 어려운, 경외와 숙고의 길이라는 사실이었다.

바야흐로 본격적인 가을로 접어들었다. 단풍이 북쪽에서부터 출발하여 남하하는 계절, 이곳은 여전히 더위와 모기, 벌레가 기승을 부렸다. 처음 오던 날 그악스럽게 달라붙는 모기떼를 못 참아 딸은 저 아래 가게에 내려가서 에프킬라 쓰던 걸 빌려왔다. 나중 새것을 사다 드리기로 하고 에프킬라를 듬뿍 살포했다. 나와 딸, 딸의 친구까지, 세 사람이 땀을 뻘뻘 흘리며 신축 후 오래 비워 둔 집의 건축 먼지와 묵은 때, 구석구석에 기생하는 각종 벌레 무리 퇴치에 모든 힘을 다했다. 창틀에 물이 고여 있고 장구벌레가 득실거리는 건 처음 본다. 걸레를 여러 번 빨고 비틀어 짠 다음, 물기를 제거하고 장구벌레까지 소탕했다. 소탕했다고 여긴 것은 잠시 잠깐일 뿐 숱한 벌레무리들이 연속 출몰했다.

약 뿌리고 모기향 피워 수다한 무리를 죽여도 방충망을 뚫고 단체로 침입한, 날개만 보이는, 쪼그만 것들은 끝도 없이 나타났다.

오래전 태국 여행 갔을 때 천정과 벽에 도마뱀 여러 마리가 붙어 있던 그것처럼, 창문과 벽에 다다닥, 무리 지어 붙어 있거나 기세 좋게 날아다녔다. '모물린'을 물린 피부에 바르고, 약을 두세 번 뿌리고 독한 모기향을 연속 피웠다. 하나 마나다. 새벽에 잠 깨면 사방에 죽어 자빠진 모기와 벌레시체부터 처치하느라 분주하다. 우리 동네도 모기 종류 있지만 이처럼 막무가내로 심하지는 않았다.

그럭저럭 그들의 습격을 피하면서 3인의 역사적인 대청소로 실내가 정비된 줄 알았다. 그건 착각이었다. 사소한 일거리가 계속 발생했다. 본업에 충실은커녕, 식재료가 있어도 무엇을 할지 엄두가 나지 않아 기본 끼니도 안정되지 못한 상태였다. 차라리 쉴 겸 부둣가 '서포의 책'을 먼저 답사해 보는 게 나을 것 같았다.

억지로 짬을 내서 집을 나섰다. 서포 문학관, 김만중이 살던 초옥, 옛 무덤터, 구운몽원까지는 자신이 없다. 보통 걸음으로 왕복 1시간 이내의 부둣가로 정했다. 노도 창작실을 나와 가파른 비탈길을 내려갔다. 천천히 내려가다 보니 수백 년의 나이테를 지녔을 후박나무 아래 노인놀이방, 경로당이 보였다. 그 앞에 한 할머니가 서 있다. 그 할머니가 나를 반긴다. 남해군청 담당자들이 노도 섬에 들어와 입주식 하던 날, 바다에 면한 수풀 속에서 헛개나무 가지를 잘라 고물 유모차에 넘치도록 싣고 우리 앞을 지나가던 허리 굽은 할머니였다.

"어디 가노? 예서 좀 놀다 가그라"

나는 망설였다. 발걸음을 멈추면 몸이 풀어져서 일어나지도 못 하거나, 벼르고 별러 시도한 걷기 운동이 무산될 것 같았다. 앉아 있는 게 주 업무인 나에게는 걷기는 필수였다. 얼른 대답을 못 하고 서 있는 나에게 할머니가 경로당 툇마루에 놓여 있는 호박을 가리켰다.

"방금 밭에서 따 온 기라. 약 안 쳐서 볶아 먹으면 맛있데이"

할머니는 남해 노도 섬이 청정지역이라며 나보고 여기 잘 왔다고 하신다. 내가 무어라고 답할 사이도 없이 경로당에서 비닐봉지를 들고 오신다.

"달래도 한 줌 주까? 양념간장에 참기름 넣고 겉절이 해 먹그러"

"그냥 주시지 마세요! 저 주시려면 돈을 받으세요. 미안해서 저 그냥 못 받아요"

"무신 소리 하노. 이런 거 주고 돈 받아본 일 내 평생에 한 번도 없다. 나중 글 다 쓰고 갈 때 책이나 한 권 주고 가소"

나는 경로당 할머니에게 감사 인사를 드린다.

"감사합니다! 잘 먹겠습니다"

조금 무겁다 싶은 호박 한 덩이와 달래가 든 검정 비닐봉지를 들고 부둣가를 한 바퀴 돌았다. 방파제 근처에 낚시꾼 천막이 몇 개 펼쳐져 있고, 비릿한 바다 내음이 시골집 소박한 밥상처럼 정다웠다. 나는 발걸음을 멈추고 노도 문학의 섬 상징 조형물, 김만중의 문학정신을 상징하는 '서포의 책'을 서포 선생을 대하듯 한참 동안 응시했다. 그리고 숙연한 자세로 노도 섬에서의 글 작업이 순조롭기를 빌었다. 앵강만 바다를 바라보며 그 자리에 앉았다. 갯강구라는 귀뚜라미도 닮고 바퀴벌레도 닮은 놈이 긴 꼬리 2개를 흔들며 '서포의 책' 일대를 호위하듯 떼를 지어 기어다니고 있었다.

내 머릿속엔 천만 가지 상념이 교차했다. 과연 김만중을 잘 쓸 수 있을까, 워낙 큰 인물이어서 생각만 해도 가슴이 설레고 떨렸다. 기왕 왔으니 서포의 문혼을 가슴에 새기자. 앵강만 바다 에너지를 듬뿍 받아 좋은 글을 쓰고 가자고 굳게 다짐한다. 노도 섬에 시집와서 딸 넷, 아들 한 명을 짝지어 대처로 내보내고 이날까지 사신다는 경로당 할머니의 호박 한 덩이가 새삼스레 나에게 끼친 각성이었다.

"글 다 쓰고 노도 섬을 떠날 때 책 한 권 주고 가소"

문학을, 책을 익히 알고 계시는 노도 섬 멋쟁이 할머니의 그 말씀이 큰 울림으로 나의 뇌리에 각인되었다.

한밤중 잠이 깨어

 잠이 깨자 불을 켜고 시간을 보았다. 새벽 2시가 채 못 된 한밤중이다. 이 무슨 일인가. 어제저녁엔 유난히 전화가 연속 왔고 통화 시간이 길었다. 잠자리에 든 것도 다른 날에 비해 훨씬 늦었다. 그런데 한밤중에 잠이 깨다니.
 전화가 온 시간은 글 쓰기에 한참 몰두하고 있을 때였다. 나는 하던 일을 멈추고 상대편의 이야기를 들었다. 몰두할 때는 전화를 받지 않아도 된다. 외딴섬에 닻을 내린 외로움 탓일까. 서울의 출판기념회 모임에 관한 내용이었다. 모처럼 동업자끼리 유쾌하게 만날 수 있는 기회인데 조금 아쉬웠다.
 또 한 사람의 전화는 조금 신경이 쓰이는, 별로 개운치 않은 이야기였다. 내가 그분의 이야기를 듣고 무슨 판단을 내리거나 조언을 할 그런 성질을 띤 내용도 아니었다. 듣고만 있으니 조금 지루했다.

세 번째는 딸이었다. 남해군 노도 섬에 임시 주민으로 살고 있는 나에게 당부를 하는 전화였다.

"끼니때를 놓치지 말고 잘 챙겨 먹어라"

"바람 심한 날 밖에 나가지 마라"

"피곤하다고 느끼면 바로 쉬어라"

나는 성가시게 여기지 않고 짧게 통화를 종료했다.

한밤중 잠이 깬 까닭은 이런저런 전화 때문인가. 한밤중에 잠이 깨어 내가 무슨 일을 할 수 있을까. 내가 받은 전화를 생각하면서 뒤채다 보니 바닷가로 난 창이 밝아오고 있었다. 누운 채로 창밖을 바라본다. 전화 통화로 허비한 시간이 제법 길었다는 자책이 든다.

나는 내 코가 석 자, 다섯 자여서 불가피한 경우에만 잠깐씩 걷기 운동을 나간다. 지금 쓰는 글은 그냥 허구나 상상으로만 쓰는 게 아니다. 사실과 허구를 잘 버무리면서 수시로 자료를 보아야 하고, 고증(考證)하고 사실을 확인해야 한다. 아득한 그 옛날에나 사용하던 중국식 한자는 내 방식대로 풀어쓰거나 해석, 주석을 따로 붙여야 할 만큼 조금 어려운 과제였다.

가끔 자료 보따리를 끌고 자리를 옮겨 다니거나, 노트북을 짊어지고 산과 바다, 경계가 제일 수승한 저 산 위, 서포 문학관으로 작업 장소를 이동하고 싶기도 하다.

나는 자료가 많고 버거워 그렇게 할 수가 없다. 꼼짝없이 한 자리를 줄기차게 차고앉아 고민하고 연구하면서 문장을 엮고 있다.

어떤 날은 아예 문밖에 나가 볼 수도 없이 앵강만 바다의 휘황한 노을을 책상에 앉은 채로 지켜보기도 한다. 내 사정이 이러한 연고로 주민들과 만나 우정(?)을 나누며 막걸리를 권해도 새우깡 몇 개 집어 먹는 정도에서 사양해야 한다.

요즘은 인적 드문 산으로, 서포 문학관 방향으로 걷기 운동을 나간다. 바다가 끝없이 이어지므로 노도 섬의 지극한 적막이 무서워 중간에서 돌아서기도 한다.

늦게 잠들어 나의 수면 시간은 고작 3시간으로 종 친 것인가.

한밤중 잠이 깨어 나는 이 생각 저 생각으로 시간을 헤프게 쓰고 있다. 무모한 것은 한밤중에 홀연 잠에서 깨어난 나 자신인 것 같지 않은가.

시장이 반찬

요즘 식성이 변했다. 입맛이 이상하다. 집에서는 라면 한 젓가락도 버겁더니 라면이 지금 맛이 나는가. 맛이 아니라 시장이 반찬인가. 밥하기 성가시고 반찬도 허실(虛實)하니 매일 라면을 먹는다. 읍내 시장으로 한번 나가보자. 그 생각만으로 한 달이 다 돼간다. 읍내 시장에 싱싱한 생선이 많이 나온다는데 나는 바지락, 모시조개, 홍합을 사다가 라면 끓일 때 넣어 먹으려고 한다. 오래전부터 기운이 없을 때 섬진강 제첩국을 먹으면 기운이 생기는 것을 나는 알고 있었다. 집에서는 자주 섬진강 제첩국을 주문해 먹었다.

배를 타고 벽련(碧蓮)항에 내려 콜택시를 타고 가면 갈 수 있을까. 나는 왜 이렇게 겁이 많을까. 자랄 때 무심천 냇물만 보다가 난데없이 앵강만 바다를 눈시리게 보게 되어서일까. 하긴 예전에도 나는 바다가 무서웠다. 초등학교 시절 여름방학에 개설한 임간학교에서 명암방죽에 멱 감으러 간 게 전부다. 친구들과 바다에 가면 나는 저만치서 바라보기만 했다. 사람들 앞에서 옷을 훌렁훌렁 벗는 것도 딱 질색이었다. 여름철 저녁마다 동네 사람들이 무심천에 멱 감으러 가도 우리 가족들은 아무도 가지 않았다. 어머니가 뒤껻에 목욕탕을 지어서 공동 탕에는 어쩌다 명절 전후 온 가족이 한두 번 갈 뿐이었다. 바다를 보면 시원하고 마음이 넓어지는 것 같지만 나는 때로 큰물이 무섭다.

어떤 명리학 박사는 물은 나에게 필수 요건이라고 했다. 하다못해 물(水) 자가 들어간 동네에 살아야 운이 핀다고 했다. 나는 현재 우물(井) 자가 있는 마을에 살고 있다. 일부러 그런 게 아니고 집을 구하다 보니 마을 이름도 예쁘고 서울 출입이 가깝고 해서 그리되었다.

처음 노도 섬에 왔을 때 친절한 주민들이 호박도 따 주고, 무도 가지도 풋고추도 주고, 상추도 한 움큼씩 따 주었다. 어떤 할머니는 고구마도 한 소쿠리 주었다. 그걸 들고 가파른 비탈길을 올라오느라 본래도 내 허약한 팔 근육이 떨렸다. 일일이 꽁지 다듬고 여섯 번 문질러 씻고 삶아서 옆집 작가들에게도 나누어 주었다.
 섬에서 재배한 고구마가 어찌나 맛이 있던지 감탄하면서 먹었다. 섬에 오고 보니 호박 1개, 무 1개의 가치가 얼마나 귀중한지, 매우 중요한 사실을 알게 되었다.

 노도 섬에서 배 타고 나가 벽련 항에 내려 콜택시 부르면 읍내 시장에 갈 수 있다고 한다. 나는 '못 갈 게 없다' 생각만 하고 다리를 실로 꽁꽁 묶인 잠자리처럼 쉽게 외출을 못 한다. 코로나19로 오랫동안 밖에 나다니기를 조심했기 때문인지도 모른다. 더 큰 이유라면 내가 현재 진행하고 있는 작업이 쉽게 진척이 되지 않는, 그게 가장 큰 이유일 것 같다.

 나는 서포 선생의 작품 《구운몽》을 평안도 선천에서 제작된 것으로 공부했다. 이 지역에 이르러서는 그게 아니었다. 학위논문도 소설도 선천으로 썼다. 새삼스럽게 남해로 변경하려고 하니 와그르! 내가 쌓은 문장 벽돌이 무너진다. 여간 소요스럽지 않다. 리모델링이 신축보다 더 까다롭고 힘들다.
 이곳에 도착하고 정확하게 2주 후부터 머리칼이 뭉텅뭉텅 빠져 가을 산에 솔잎 날리듯 했다. 큰 걱정거리이며 명확한 외모 손실이다. 더욱 외출을 기피하게 되었다. 게다가 《구운몽》 선천설을 남해 노도 섬으로 문장 전체를 새로 고치느라고 전신에 열불이 난다. 이 열불에는 부채도 에어컨도 소용없다. 나는 함정에 빠진 기분이었다. 솔직한 내 심정이다. 어찌 마음 한가롭게 식재료를 사려고 먼 길 외출을 시도하겠는가.

진득하게 앉아 기도하면서 개작(改作)을 실행하고 있다. 무수히 검토하고 보완과 수정에 박차를 가한다. 기도를 하는 것은 무소불위 전능자에게 빌기보다 나 자신을 절제하고 중심을 잡는 방법이다. 나는 잘할 수 있으며 잘하고 있다고 스스로 수긍하는 방식이다.

작업하는 틈틈이 먹거리 생각이 간절하다. 나는 시장이 반찬이란 말을 별로 달갑게 생각하지 않는다. 시장이 반찬이라기보다는 울며 겨자 먹기이다. 참 딱하게 되었지만 부끄러울 것은 없다. 내가 그냥 용기만 조금 내면 문제는 해결된다. 시장에 가면 새로운 풍경, 색다른 경험을 하게 되는 장점도 있다.

나는 며칠 내로 용기를 내서 배를 타고 읍내에 나갈 것이다. '시장이 반찬'인 라면 식사를 개선하기 위해서고, 남해 읍내 구경도 겸할 수 있기 때문이다.

제2부

앵강만 고등어

 LG 지사(支社)에서 세탁기를 수선하러 기사가 방문한다고 한다. 12시 30분 배를 타고 온다니까 못해도 13시에는 노도 창작실 1호실을 먼저 손본 다음, 2호실인 내 방에 도착할 것이라고 예상했다. 후덥지근하고 무더워서 땀을 많이 흘려 빨랫거리도 많았다.
 딱 10분만 누워서 쉬자. 나는 쉬는 것보다 세탁기 기사가 오기 전에 빈 위장을 채워두는 게 더 좋을 것 같았다. 내 거처에 기생하는 모기 벌레를 퇴치하느라 아침 식사를 거른 것이다. 모기 종류는 쉬이 나의 거처를 떠날 생각이 없는가. 마치 앵벌이처럼 내 생활에 밀착돼 있다는 느낌이 든다. 몹시 성가시다. 오전이 거의 다 지나가고 있었다. 냉장고에는 무엇이 있기는 있는데 꺼내기도 싫다. 간단하고 편리하게 컵라면을 먹기로 했다. 우동라면이었다.

　전에 동하가 배고프다고 학교가 끝나 학원 가는 길에 가방 메고 달려왔을 때, 갑자기 해줄 게 없어서 우동라면을 먹게 한 적이 있다. 녀석은 라면 국물까지 컵째 들고 훌훌 마시고 학원에 갔다. 미리 폰으로 문자를 보내고 오면 녀석이 좋아하는 미역국과 LA갈비를 양념해 놓을 텐데 아쉬웠다. 그때의 기억을 소환하면서 나는 간편 위주로 우동라면 컵에 끓는 물을 부었다. 5분 후. 뚜껑을 열고 한 젓갈 끌어 올려 맛을 보았다. 국물은 싫어서 국수 가락만 건져 먹는데 두 젓가락을 먹자 더 먹고 싶은 생각이 사라진다. 맛이 없다. 아니 맛은 좋은데 내 입맛이 없나?

　라면 먹기를 중단하자 예정대로 세탁기 기사가 방문했다. 뚝딱뚝딱 세탁기를 잘 고치고 제 자리에 고정시켰다. 한 가지 걱정이 줄어드니 후련했다. 후련은 후련이고 속이 텅 비었다. 저녁을 어떻게 하지? 걱정한다. 창밖은 이미 어둠이 장악하는 중이다.

　옆집 시인이 바다에 나가자고 전화했다. 고등어가 많이 잡히면 사 오자고, 여기 온 후 아직 계란 구경도 못 했으니 귀가 솔깃했다. 뭇별들이 앵강만 바다에 내려앉는 밤바다를 구경할 겸 나는 동의한다. 저녁 산들바람이 상쾌하다. 길가 감나무 앞에서 걸음을 멈추고 높이 뛰기로 대봉감을 두어 개 땄다. 그것은 길가는 누구나 다 먹을 수 있는 감이라고 시인이 말했다. 대봉감 2개를 손에 들고 가파른 비탈길을 내려갔다.

우리는 바닷물에 낚싯줄을 드리우고 신선처럼 앉아 있는 이곳 주민 몇 분에게 인사를 드린다. 밤하늘 가득 별빛이 드넓게 피어나고 있었다. 몇 년 만에 만나는 별빛인가. 노도에 오기를 잘했다. 이 모두가 서포 선생 덕분이다. 300여 년 전 서포 선생도 저 별빛을 바라보며 앵강만 바다에서 낚시를 하셨을까. 밤낚시는 일종의 명상 수행처럼 보였다. 낚시도 모르면서 나는 침착함과 기다림의 의미를 떠올려 본다. 철럭! 철럭! 파도 소리 힘차게 들리는 돌계단에 앉아 나는 서포 선생을 그리며 밤바다를 바라보았다.

와아! 환호성이 울려 퍼진다. 낚싯줄에 고등어가 엮여 요동을 친다. 얼마간 파닥거리다가 고기 담는 양동이로 떨어진다. 어떤 놈은 낚싯밥만 먹고 도망갔는가. 가끔 빈 낚싯대가 올라오기도 한다. 대개는 낚싯대를 살짝 드리우자마자 고등어가 올라왔다. 연달아 올라오니 금세 큰 양동이 반을 넘어 채웠다. 잠시 동안 상당한 성과였다.

고등어를 담은 검정색 양동이가 별빛 아래 온통 고기비늘로 빛난다. 제법 큰 놈도 있고, 어떤 건 너무나 작아서 미꾸라지처럼 보였다. 고등어가 크건 작건, 많이 낚이는 게 좋은 일인가. 조그만 새끼가 올라오게 되면 내 마음이 이상하게 변했다. 고양이든 병아리든 새끼는 무엇이 됐든 애잔하고 안쓰럽다. 고등어 새끼를 보자 내 가슴속에서 그 무엇이 꿈틀댄다. 음력 8월 그믐밤이 점점 깊어갔다.

"다 갖고 가라 마"

낚시 아저씨들이 고기 양동이를 들어 비닐봉지에 들어부었다. 그 비닐봉지를 받아 들었고 입주동기생 우리는 밤길을 걸어 숙소로 돌아간다. 달도 없는 비탈길에 가로등이 사람 그림자를 비춘다. 나는 깨달았다. 고등어도 우주의 한 생명체다. 어쩔 수 없이 먹어야 한다면 어쩌다 한두 끼 반찬에 족하다. 낚싯바늘에 꿰어 사력을 다해 퍼덕거리는 고등어를 보고 나서 나는 불현듯 그 밤의 외출이 야속했다.

지난날 내 병이 위중했을 때, 아들은 밤을 지새우며 한강, 임진강을 돌며 고기를 낚아왔다. 가물치, 매기, 잉어, 붕어 등등. 내가 아는 물고기 이름이다. 그걸 일일이 배를 따고 씻어서 아들은 나에게 어탕을 끓여주었다. 나는 허기가 졌는가. 들깻잎을 얹어서인가. 비린 줄도 모르고 국물을 제법 떠먹었다. 딱 한 번이었다. 어탕을 먹고 양치하려고 욕실에 갔다가 욕조를 가득 채운 물고기를 보고 기함을 했다.

"나 안 먹어, 못 먹어. 제발 쟤들을 살려줘!"

내가 울부짖었고 그것으로써 아들의 밤낚시는 종 쳤다.

그렇다. 나 살자고 다른 생명을 해쳐서는 안 된다. 나는 밤바다에는 다시 안 가기로 마음을 정했다. 고등어가 죽어가면서 몸부림치는 모습을 잊을 수가 없다. 여기 온 후로 모기, 날파리 종류는 수도 없이 죽였고 지금도 연속 죽이고 있다. 해충이니까, 안 죽이면 얼굴 팔다리를 사정없이 물리고 피 나게 가렵다. 진물 나고 피부에 물어뜯긴 흉터가 남는다.

아들도 낚시를 좋아한다. 아들에게 이곳 앵강만 고등어 낚시 이야기를 해줄까 하는 생각도 잠시 하기는 했다. 아들이 과연 이먼 곳까지 달려올 수 있을까. 오고 가는 그것만이 문제 아니다. 깊이 생각하노라면 내 발상이 심히 잔인하다. 고등어를 잡아야 아들이 좋아한다고? 그건 근사한 일이 못 된다. 나는 내 마음을 그렇게 정리했다. 나로서는 그럴 수밖에 도리가 없다.

읍내 풍경

"아이구 이모! 안 돼요! 계란만 갖고 안 된다고요!"

"내일 첫 배 타고 나가서 집에 가려고 해. 아무래도 병원에 가야 할 것 같아"

"아니야 이모! 병원 갈 필요 없어요. 내가 보니 이모 영양 결핍이에요"

"나 먹고 싶은 것도, 배고픈 것도 별로 몰라"

"이모! 머리카락이 주먹으로 빠진다며?"

"그래서 병원 가려는 거야. 나 이런 일 첨 본다"

"이모! 병원은 왜 가? 이모 아픈 데 없잖아요. 건강검진 한 지가 얼마나 됐다고? 병원 가면 여기저기 검사하고 필시 약을 줄 건데 피부과 약 너무 독해요. 큰 병원은 하루 이틀 다녀서 될 일도 아니라고요. 예약하는 데만 몇 달 걸린다고요. 내가 보니 이모 단백질 부족이거든. 단백질 부족해서 머리 빠지는 거라고요. 이모! 당장 고기 사러 가요! 생선도 좋아요. 한 번 먹어서 되는 거 아니니까. 듬뿍 사다 놓고 집중적으로 먹어봐요. 머리카락은 단백질이 필요하다고요"

병원에 가겠다는 나에게 민이가 강력하게 단백질 부족을 선고했다.

"이모! 머리 그거 그냥 두면 골다공증으로 가요. 골다공증은 넘어지면 그대로 영 가버리는 거라고요"

나는 밤새 잠을 못 자고 고민했다. 머리카락 때문이었다. 여기 온 지 정확하게 2주 후부터 줄기차게 머리카락이 매일 주먹으로 빠졌다. 나는 마침 그때 읍내 간다는 주민을 따라 불시로 용기를 내서 첫 배를 타고 읍내 미용실에 갔었다. 반찬거리를 사고 싶었지만 나는 미용실이 급했다. 미용실에 가면 무슨 방도가 있지 않을까 기대를 걸었다. 배에서 내려 택시를 탔다. 너무 이른 시간이라 읍내 거리는 한산했다.

읍내에서 2시간여를 배회했다. 2시간 기다림으로도 모자라는 미용실, 곳곳에 코로나19로 12시 이후에 오픈한다고 써 붙였다. 나는 반들반들 빛이 나고 청결해 보이는 남해 읍내 거리를 오르내리며 미용실이 문 열기를 기다렸다. 내가 아는 곳이라고는 지난봄 현장 답사 때 가본 맨해튼 숙소가 있는 남해읍의 명동이랄 수 있는 큰 거리뿐이었다.

남해 읍내도 이른 아침 바람은 몹시 찼다. 나는 다리를 쉴 겸 햇살 바른 길가 큰 바위에 앉았다. 사람들이 거리로 많이 나오기 시작할 때, 한 미용실이 문을 열었다. 나는 얼른 들어가 사정을 이야기했다. 깔끔하고 정돈이 잘된 미용실이었다. 미용사가 내 머리 피부를 헤쳐본다.

"이 머리는 손도 댈 수 없어요. 만지지도 않았는데 머리카락이 막 손에 듬뿍 묻어나요. 이 정도면 얼른 병원에 가셔야 해요"

미용사는 나에게 미용 가운을 입히지 않았다. 그냥 가라는 눈치였다.

"스트레스 많이 받으셨나 봐요. 이대로 두시면 나중에 손도 못 써요"

나는 겁에 질려 먹거리를 구하는 볼일은 생각도 못 한다. 다시 택시를 타고 벽련 항을 거쳐 맥없이 섬으로 돌아오고 말았다. 내일 첫 배를 타고 나가 집으로 복귀할 생각이었다. 왜 이렇게 기이한 일이 자주 발생하는가? 하긴 여기 온 이후 밥을 제대로 먹은 기억이 별로 없다. 평소 입에 잘 대지 않던 컵라면으로 적당히 간단하게, 그것도 노상 앉았으니까 일어선 채로, 먹지 않았던가. '굳세어라 금순이 시대'로 환원한 듯, 한 달 이상을 그렇게 지내왔다. 그래서일까? 그렇다면 민이 말이 옳은 것인가? 딸이 전화했다. 나는 기다렸다는 듯이 내 현재 상황을 말했다.

"환절기라 많이 빠지는 거야. 아니면 물을 갈아 먹어서 그럴 거야. 나도 많이 빠진다고"

"보통 빠지는 정도가 아니라니까. 가을 산에 솔잎 날리듯 푹푹 내려 쌓인다고"

"엄마는 한번 앉으면 일어나지를 않으니까 그럴지도 몰라. 산책도 하고, 좀 쉬어가면서 글을 쓰면 괜찮을 거야"

"나는 노도 섬 저 아래 선창가 '서포의 책'으로 매일 걷기 운동하러 나가고, 노을 지는 시간에 바닷가에서 국민보건체조도 열심히 한다. 지가 안 당해보니까 멋대로 지껄이네"

"엄마가 서포 선생 글 쓰러 갔으니까 서포 선생을 겪는 거야!"

자꾸 말하면 내 입만 아팠다. 머리카락이 왕창 뽑혀 나오니 기분이 다운되고 많이 슬펐다. 읍내로 고기를 구입하러 배 타고 나가봐야 하는가. 어쩌면 좋을까.

한눈에 보아도 남해 읍내 거리는 어느 도시들보다 공기가 해맑고 남쪽 지방의 색다른 식물들로 환경 정리가 잘된 거리풍경이었다. 아들이 귀국하면 이곳에 자리를 잡도록 내가 실험적으로 한번 살아보면 좋을 것 같다는 생각이 불쑥 들었다. 상당히 정결하고 자연 친화적이었다. 한마디로 걷고 싶은 신선한 거리였다. 우선 사람들이 모두 건강해 보였다. 특히 여인들의 머리칼이 풍성한 것이 내 눈에는 여자들의 숱이 많은 머리만 보였다. 가을의 선들바람까지 보태진 읍내는 아름다운 남국의 거리풍경을 연상하게 했다. 이곳을 좀 더 잘 가꾸면 나이아가라 해변의 별장지대처럼 환상적인 명소가 될지 누가 아는가.

 소설 쓰기, 자료 섭렵, 노도 섬 일대를 비롯하여 서포 선생의 발자취 추적, 식사 문제 등, 내가 건너야 할 산맥이 여러 개가 더 있다. 생소한 섬살이는 탈모까지 더하여 만만치가 않다. 아! 그렇다. 출타한 1호실 시인이 섬으로 돌아올 때 고기를 사 오도록 부탁하자! 왜 그 생각을 못 했을까. 미안해서였다. 이건 매우 현명한 결정이었다. 아는 사람 하나 없는 이곳에서 나의 행동반경은 쪼그라든 것인가. 나는 읍내 병원에 가려는 마음을 억누르고 1호실 시인에게 카톡을 날렸다.

 "S 시인님! 섬에 들어오실 때 고기 좀 듬뿍 사 오셔요"

별빛 느꺼운 구운몽원의 밤

밤에 레지던스 밖으로 나가려면 나는 겁부터 났다. 낮에도 혼자서는 무서워 산에 오르지 못했다. 이곳 날씨가 11월에 이처럼 포근하니 밤에도 뱀이 출몰할까. 늦가을에 처음 왔을 때 길바닥에 길게 누운 큰 구렁이를 보았다. 아침 햇살을 온몸에 받고 느슨하게 누워 있는 구렁이는 소설 쓰러 섬에 온 사람보다 훨씬 여유롭게 보였다.

혹 그 구렁이가 아니라면 숲속에서 고라니가 불쑥 튀어나올까. 고라니는 결코 사람을 해치지 않는다고 하지만 밤에는 또 모른다. 공기 좋고 물 좋은 이곳에 호랑이처럼 덩치가 큰 고양이는 사람을 놀라게 하는 일이 없을까. 외딴섬 여기는 고양이 천국이라

할 정도로 집집마다 고양이 몇 마리는 보통이다. 맑고 깨끗한 자연환경, 풀숲과 나무 그늘, 건물 뒤쪽이나 큰 길가에도 고양이가 몇 마리씩 떼를 지어 몰려다닌다. 낮에는 그 고양이들이 귀엽기도 하고 반갑기도 하지만 밤에 보는 고양이는 유독 그 눈이 매서웠다.

지난밤 무엇엔가 홀려서 25시에 잠이 깼다. 서포에 관한 소설 작업이 얼마나 걱정이 되면 한밤중에 꿈도 없이 잠이 깨는가. 일어나 불을 켠 다음 책을 읽었다. 내가 쓰는 소설 작품에 이만한 자료가 없다 할 정도로 나에게 유익한 책이었다. 나는 《구운몽》의 저작 장소를 일찍이 대학원에서 공부한 대로 평안도 선천으로 썼다. 남해에 이르러 저작 장소를 선천에서 남해 노도로 이적하는 데 유용한 자료였다. 책을 읽으며 아침을 맞이했다. 낮에는 일일이 자료 확인해야 하고 원고 작업 외에 시간을 사용할 여유가 없다. 한밤중 깬 것이 몰두와 집중에 매우 유익했다.

다른 날보다 일찍 저녁밥을 먹었다. 위장도 비어 있는 상태였다. 저녁 시간 한 때라도 일 같은 일, 읽던 책을 마저 읽자는 생각이었다.

"앵강만 노을 보러 나오세요!"

1호실 시인이었다. 시인은 소설가보다 문예 노동이 가볍기 때문인가. 매일 저녁노을을 감상한다. 노을뿐인가. 밤바다도 즐기는 것 같다.

"오늘 작업은 힘들겠구나!"

나는 벌써부터 예감했다. 이때다! 하고 책상을 떨치고 밖으로 나갔다. 어제의 노을이 다르고 오늘의 노을이 달랐다. 자연의 신비와 오묘함을 체험하는 귀중한 시간이었다. 330여 년 전 서포 선생도 앵강만, 노도 섬의 노을을 사랑했을까. 나는 동백꽃을 보든 노을을 보든 서포 선생의 심경을 떠올려 보는 게 이곳에 온 후 습관처럼 굳어 있었다. 과연 그 심정이 어땠을까. 정2품 대제학의 고위직 벼슬자리를 마다하고 떠나와, 존경하는 모친 윤 부인에 대한 사무치는 그리움을 어떻게 견뎌냈을까. 나는 그런 마음으로 붉게 타는 서녘 하늘을 하염없이 바라보았다.

"다 같이 구운몽원에 올라가요!"

시인이 또 말했다. 나는 쾌히 답하고 점퍼를 걸치고 나섰다. 행여 잠을 자던 뱀이 놀라 기어 나올까 두려워 3호실 작가가 만들어 준 지팡이를 짚었다. 어둠을 살펴 조심히 올라가노라니 바다도 잠든 고요한 산길이 펼쳐졌다. 혼자 걷기에는 멀고 아득한 길이었다.

 이방인끼리는 아무래도 허전할 것 같아 입주작가들을 가장 친절하게 도와주는 관리소장님이 함께하니 멀지도 힘들지도 않았다. 음력 9월 그믐밤, 그야말로 달도 없는 캄캄한 밤, 외등이 곳곳에 있어 산길은 그다지 어둡지 않았다.

 구운몽원으로 가까이 올라갈수록 일찍 나온 별들이 구운몽원 먼 산 위에서 옛이야기를 속삭여 주듯 반짝거렸다. 하늘에 별 무리가 넓고 상서롭게 무한대로 펼쳐져 있다. 별빛 느껴운 구운몽원의 밤이었다. 구운몽원 일대는 깊은 적요가 흘렀다. 양소유의 첫사랑 진채봉 동상이 별빛 아래 아련히 보인다. 시어가 분출할 것 같은 낭만적인 밤. 철 안 난 문인들의 시간이었다.
 구운몽원은 슬픈 역사를 품고 있는 듯 서늘한 기운이 감돌았다. 저 반짝이는 별들을, 저 아래 앵강만 바다를, 수백 년은 넘었을 동백나무 숲, 겨울철에도 시들지 않는 억새와 갈꽃들, 서포 선생은 어떤 마음으로 이들을 바라보았을까. 그 애틋한 심사를 헤아리며 가파른 비탈길을 올라 연못의 돌다리를 겅중겅중 뛰어넘어 정자에 앉았다. 검푸른 밤바다가 아득히 내려다보였다.
 왜 서포 선생만 생각하면 코허리가 시큰해지는가. 왜 눈물이 폭발하려고 하는가. 왜 가슴이 조이도록 설움이 북받치는가. 그게 언제 적 사건인데. 싶으면서도 나에게는 현재진행형 애상(哀

傷)이고 눈앞의 진실이었다. 별이 빛나는 밤의 적요는 깊은 숲속에서 생전에 억울함을 겪은 정령들이 우리를 지켜보는 듯 조금 무서웠다.

밤이 깊어갈수록 별 무리가 영롱한 빛을 뿜었다. 드문드문 켜진 외등과 함께 구운몽원의 밤 풍경은 은밀하고 고즈넉했다. 서포 선생께서 계실 당시에는 별빛이 초롱초롱 더욱 빛났으리라. 별들이 서포 선생에게 말을 걸었을까. 바람도 구름도 한양 선비를 모른 척 지나치지는 않았을 터. 숲속의 고라니와 노루도, 산토끼, 다람쥐, 청설모도 서포 선생의 사무치는 외로움을, 속절없이 쏟아지는 눈물을, 두 발을 부르르 떨며 지켜보았으리라. 별빛 느껴운 구운몽원의 밤은 우리에게 그때 그 시절을 소상하게 일깨워주는 것 같았다.

죽음 같은 적요와 살을 찢는 고독을 견디며 《구운몽》, 《사씨남정기》가 탄생했노라고. 병든 몸을 부추기며 《서포만필》도 《선비정경부인행장》도 썼노라고, 저 하늘의 뭇별들은 서포 선생의 뼈마디가 녹아내리는 기막힌 사연을 알고 있다고 수군거리는 것 같았다. 수백 년의 나이테를 자랑하는 동백나무 숲에서는 서포 선생의 설움을 위로하는 듯, 새빨간 핏빛 정념을 끌어안고 때아닌 동백꽃이 한둘 피어나고 있었다.

서포 선생은 가고 없어도 그때 그 시절을 기억하는 바다 갈매기 후손들이 저물도록 앵강만 바다 위를 넘나들고, 노도 섬마을의 노쇠한 후박나무는 서포 선생의 발자국 소리를 기억하는 듯, 때로 서러운 음향을 지어내곤 했다. 바닷바람에 그 큰 나무둥치가 마구 흔들릴 때면 나는 발걸음을 멈추고 서서 후박나무를 우러르곤 했다.

별빛 느껴운 구운몽원의 밤. 우리는 뭇별들이 광활하게 펼쳐진 투명한 밤하늘을 바라보며 각자가 지닌 서포의 흔적을, 서포 선생의 못다 푼 고독을 보듬어 안고 구운몽원을 뒤로하고 천천히 비탈길을 내려왔다.

탐관오리처럼

먼지보다 더 작은, 감히 모기 축에도 들지 못할 조그만 것들이 여름 내내 나를 괴롭혔다. 가을바람이 불어오는데도 아랑곳없다. 가장 민감한 부위에 빨대를 꽂고 아귀같이 피를 빤다. 그냥 괴롭혔다는 말로는 태부족이다. 끔찍하다.

냄새가 고약하고 독한, 가끔 텐트 안에 켜놓은 채 잠자다가 온 가족이 질식사했다는 뉴스가 나오는 에프킬라 모기향, 또한 냄새로 모기와 파리 따위를 죽이는 전자 테이프, 물린 곳에 바르는 연고와 모물린, 더하여 밤에는 일부러 선풍기를 틀어 초파리의 침입을 억제하려고 부단히 애를 썼다. 다 허사였다. 낮뿐 아니라 밤에도 노상 부동자세로 앉아 지내는 나를 여기저기 수도 없이 물어뜯는다.

"엄마 피가 가장 단 모양이다"

딸이 말했다. 피에 단 피가 있고 쓴 피가 있는가. 별스럽게 물것을 타는 내 피부도 문제였다. 아침에 눈을 뜨면 날파리에게 물린 상처를 바로 봐주기가 민망하다.

섬에서 수개월 지낼 때였다. 그곳에 도착하자마자 숱한 날파리들이 떼를 지어 아귀같이 달려들었다. 사람 셋이 땀을 뻘뻘 흘리며 대청소를 하는데 막무가내로 피를 빨고 도망쳤다. 불긋불긋, 무슨 열꽃이 핀 것 같고, 분홍색 점이 무수히 얼굴, 발등, 손과 팔다리, 구석구석에 퍼졌다. 손이 닿지 않는 부위까지 알뜰하게 물어뜯어 긁을 수도, 약을 바를 수도 없다. 물린 곳은 시간이 지나면서 피부가 점점 거무스름하게 변질되었다.

오른쪽 볼은 초파리 족속 말고 더 큰 독충이 물어뜯었던가. 초파리 떼가 단체로 침입했던가. 아예 홈을 깊숙이 파고 들어가 알을 깠는지. 시간이 흐를수록 처음엔 붉은색이던 게 차츰 부풀어 오르면서 진물이 났다. 세수할 때는 쓰라려 곤란을 겪는다. 물기가 닿으면 더 아팠다. 이것은 또 다른 심각한 상황이었다.

　집에 돌아오자 곧바로 약국에 가서 연고를 사다 발랐으나 전혀 낫는 기미가 없다. 대형 병원 피부과를 예약하고 방문했다. 몇 가지 검사 후에 레이저 수술을 권했다. 수술? 나는 하는 수 없이 수술을 결심하기에 이른다.
　레이저 수술을 받는 날이다. 높은 침상에 반듯이 누웠다. 부분 마취를 하는 듯, 아련하고 몽롱하다. 얼마의 시간이 흘렀을까. 상처를 후벼 파는지 무슨 액체 같은 물질이 얼굴에 흐르는 게 감지됐다. 피가 흐르는가. 계속해서 꾹꾹 누르는 닥터의 손길이 내 오른 볼에 한동안 이어졌다.
　수술은 일단락되었다. 노르스름한 테이프를 오른 볼에 붙여주고 ○일 후 그것을 떼라고 했다. 한여름이라 쉬지 않고 땀이 흘러도 그것을 뗄 수도, 만질 수도 없었다. ○일이 되자 나는 손거울에 비춰보며 조심조심 그 노르스름한 테이프를 뜯었다.

　윽!
　어린 시절 오라비들이 무심천에서 잡아 온 물고기 창자 같았다. 징그러웠다. 시커멓고 기다란, 또한 누런 고름 같은 것이 노르스름한 테이프에 딸려 나왔다. 대체 이게 무얼까. 그것들이 내 얼굴에 박혀 있었다니 소름이 돋았다.

예전의 큰 모기는 순진하다고 할까. 맹하다고 할까. 날아오면서 위잉! 신호를 보내지 않는가. 이런 놈은 사람들이 피할 시간, 방어할 준비를 할 수가 있다. 갑자기 불을 켜면 큰 모기들이 벽에, 천정에 날아가 숨는다. 파리채든 모기약을 뿌리든, 형체를 발견할 수 있어 잡기도 수월하다.

요즘의 조그만 날파리 족속들은 신출귀몰이다. 언제 어디서 어떻게 나타나는지 아무도 모른다. 순식간에 피를 빨고 도망친다. 요즘 횡행하는 보이스 피싱이 이런 초파리 놈들과 비슷할까. 그 옛날 가난한 백성을 괴롭히던 탐관오리의 환생인가. 악랄하고 집요하다.

이놈들은 나를 집중적으로 공략했고 나는 그들의 피해자였다. 물린 부위가 몹시 가려워 깊은 잠을 잘 수 없다. 놈들은 피만 빠는 것이 아니라 독침으로 피부를 공략(攻掠)했다. 레이저 수술을 했으나 얼굴에 흉터가 남아 있다.

서늘한 가을바람이 불어오는데도 이놈들은 유유히 방충망을 뚫고 실내로 잠입한다. 초파리의 방충망 뚫기 작전은 저지할 방법이 없다. 탐관오리의 비행처럼 눈에 잘 띄지도 않는다. 인터넷 검색을 해본다. 암컷 초파리가 한 번에 알을 100개씩 낳는다는 놀라운 사실을 알게 되었다.

예방 차원으로 모기향을 피우고 에프킬라도 듬뿍 뿌려놓는다. 그따위 미물에게 피해를 당한 사람은 창피하다. 악착스러운 탐관오리처럼 내 피를 집중적으로 악랄하게 파먹은 초파리 종류가 없는 곳은 어디일까. 있기는 있는가. 나는 그것을 알고 싶다.

현혹, 미혹, 유혹

위의 세 단어의 뜻을 정확하게 알아보기 위해 《국어사전》을 본다.

현혹은 '마음이 흐려지도록 무엇에 홀림, 미혹은 무엇에 홀려 정신을 차리지 못하는 것, 유혹은 꾀어서 마음을 현혹하거나 좋지 않은 길로 이끔'으로 설명하고 있다. 현혹 미혹은 마음이 흐려지고, 정신을 못 차리는 것으로 그 뜻이 너무나 비슷하다. 유혹은 흔히 남성이 여성을 꾀거나, 여성이 남성을 꾀어서 나쁜 길로 인도하는 양상을 유추할 수 있다.

새벽부터 낮 3시까지 나에게 일어난 마음의 혼란에 위 세 단어

중 어떤 단어를 적용해야 할까. 나는 어젯밤 결심한 바가 있다. 내일은 오늘과 달라야 한다는 것, 게으름을 피우지 말자는 것, 우량한 자료가 새롭게 모아지고 있으니 마음을 다잡아서 열심히 작업해야 한다는 것 등이다. 그 말이 그 말 같지만 나로서는 비장한 각오요, 일종의 대혁신에 해당하는 다짐이었다.

나는 정부에서 준다는 선심성 문화예술인 지원금 소식에 현혹, 또는 미혹된 것인가. 실제로 지금의 나에게 필요한 것은 건강이고 경제력이며 사랑과 격려이다. 그중에서 경제력은 지대한 영향을 미친다. 노노 섬에 오기까지 운송비와 레지던스 임대료며 식재료 등, 다른 사람들도 돈을 평소보다 좀 썼다고 했다. '많이'라는 단어로는 계산이 불분명하다.

'많이'라고 말하는 수위는 문인들의 현재 재정 상태가 그다지 넉넉하지 않다는 반증일 듯하다. 고작 ○○원 정도 써놓고 '많이'라고 표현하는 것은 객지에 글 쓰러 온 글 꾼들의 살림살이가 넉넉하지 않다는 증거이기도 하다. 내가 현재 보고 있는 책에도 그런 내용이 소상하게 적혀 있다.

최고의 성장과 완벽한 자기개발 발전을 위해 건강과 부와 사랑은 필수라고 한다. 문학을 하는데도 경제적 여유는 반드시 필요하다는 선배님들의 조언도 있다.

버지니아 울프 이야기를 인용하지 않을 수가 없다. 그녀의 남편은 꽤 유식 계급에 속한다. 아내의 작가 활동에 필요한 건강과 주거, 저서 출판 조건을 갖추어 주려고 노력한 남편이었다. 그럼에도 불구하고 버지니아 울프에게는 외형적인 조건보다는 가장 긴요한 사랑이 결여된 것 같은 뉘앙스가 풍긴다. 그녀는 절실하게 자기만의 방을, 그리고 500파운드의 필요성을 설파했지 않은가. 결국 버지니아 울프는 집 근처 오즈강에 몸을 던져 생을 마감했다.

집에서 지낼 때 나는 아구구구, 노상 아픈 타령을 했다. 오른 어깨가 조금만 움직여도 빠개질 듯 아팠다. 교통사고 여독이었다. 정형외과, 내과, 신경외과, 한의원에 다녔고 수개월 치료를 받았다. 치료에 사용한 시간과 비용에 못 미치는 치료 결과는 실망이었던가 싶다.

그런데 지금 여기 노도 섬에 와서 의외의 일? 그 별일이 벌어진 것이다. 나는 현재 날개가 달린 듯 몸이 가볍고 우쭐할 만큼 신바람이 나 있다고 할까. 맑은 공기 때문인가. 심신이 쾌적 모드로 변화했다.

나는 매일 같이 병원에나 다니다가 어린 날 온 가족이 살구 따 먹으러 금천동 과수원에 갈 때처럼 새벽부터 먼 섬을 가기 위해 기쁜 마음으로 동동거렸다. 지하철, 택시, 비행기, 렌터카, 그리고 배까지 타고 와서 노도 섬에 이르러 글쓰기 좌판을 펼쳤다. 육해공이 다 동원된 역사적인 행차였다.

오자마자 예상 밖의 일, 오래 묵은 건축 먼지, 텅 비어 있던 신축 건물에 기생하는 벌레, 모기와의 싸움을 시작했다. 대체 어디로부터 그처럼 힘이 싱싱 났을까. 2주 동안 나는 뭣에 썬 듯이 몸을 최대로 많이 움직였다. 손가락이 뒤틀리도록 물걸레를 쥐어짜서 침실과 거실을 정리하고, 주방과 욕실 타일을 박박 문질러 닦았다. 집에서는 별로 하지 않던 대청소 운동이었다.

참으로 신기한 발전이었다. 더는 아구구구, 타령을 늘어놓을 일이나 시간이 사라진 점이다. 전혀 아픈 줄 모르는 것은 내 영혼과 심신이 서포 선생님 문혼이 상존하는 곳에 오므로 안도하고 편안해졌다는 증거가 아닐까. 아니면 생소한 곳에 이르러 과도하게 긴장을 해서 아픈 줄을 모르거나. 공기가 깨끗해서? 서포 선생이 3년여 동안 저작에 열중하신 곳이어서? 생애 최초로 3개월씩이나 버지니아 울프가 울부짖던 나만의 방을 소유함으로 기분이 고양되어서일까.

정확한 이유는 모르지만 이건 획기적인 사건? 혹은 기적에 해

당한다. 영양가 있는 식사를 도모한 것은 절대 아니다. 그럴 시간 여유도 마음도 없다. 대개 컵라면에 단무지, 부실한 식사였지 않은가. 그렇다면 아름다운 앵강만 주변 풍경에 감탄하면서 평화를 누려서인가.

오늘 새벽 나는 현혹, 미혹에 딱! 걸렸다. 그것의 직접 동기는 일금 ○○만 원이었다. 신청서만 써내면 누구에게나 ○○만 원의 행운이 주어진다는 소식통 때문이었다. 급하게 서두르다가 신청서 규정과 격식에 어긋나서 ○○만 원의 지원금은 물 건너갔다.

노도 섬살이에 필수인 ○○만 원이 수포로 돌아간 것은 더 미련을 갖지 말라는 신호탄이다. 멀리 떠나와 하필 신청 마감날 새벽에 소식을 듣다니. 나는 당황했다. 절절매다가 하자가 발생한 것은 당연지사(當然之事)였다.

"엄마! 잊어버려! 그딴 것 털어버려! 시도했다는 사실이 중요해!"

"얘는 뭘 알고 하는 소리냐? 작업도 못 하고 그거 작성하느라고 내 하루가 허무하게 흘러갔는데?"

"현혹되지 마. 그냥 경험한 거라고 생각하고. 더 미혹되지는 마!"

정녕 현혹이고 미혹이었던가. 흠뻑 홀려서 정신조차 못 차리고, 누구를 꾀어내는 유혹이 아니어서 다행인가. 나는 밤이 되어서야 정신을 가다듬고 노트북을 열었다.

도한(盜汗)

며칠 동안 밤에 전혀 땀이 흐르지 않았다. 방 온도는 전과 비슷했고 날씨도 포근했다. 잠잘 때 깨지 않고 아침까지 잠을 잘 자니 일과는 상쾌했다. '이만하면 살겠다' 싶었다. 그 진땀이 다시 시작되었다. 안도는 고작 사흘 정도에서 그쳤다. 얼굴, 머릿속, 목과 가슴에 철벅거릴 정도로 진땀이 났다. 찐득거리는 게 영 기분이 좋지 않다.

땀을 그렇게 많이 흘린 날은 종일 기가 흐트러져 아무 일도 할 수가 없다. 지난봄부터 여름 내내 나는 교통사고 후유증으로 병원을 왕래했다. 그런 과정에서 주로 항생제 종류를 복용했고. 노상 탈진 상태에서 헤맸다. 먼 데 가서 몇 달을 건강하게 지내기 위해 열심히 병원 치료를 받으며 약 챙겨 먹다가 독한 약에 취해 버린 이유 같았다.

약이 약을 부르고 병이 병을 키우는 식이었다. 식욕도 바닥이었다. 치료할 만큼 했으므로 여기 노도 창작실에 이르러서야 나름 열심히 공부하면서 창작 작업에 매진했다. 근데 왜 밤마다 소나기 맞은 듯 땀이 나는가. 이건 틀림없는 도한 같았다.

옆 동 시인이 구기차 발효차를 권했다. 신장과 간을 보호하는 차라고 했다. 정신이 맑아지고 혈액순환이 순조로워진다고 했다. 그녀가 말했다. 매일 같은 자리에 앉아 지내느라 정맥류가 두드러지고 영양소가 부실한 식사 때문이라고. 그녀는 나에게 구기자 발효차뿐 아니라 구지뽕고추장도 권해주었다. 마트에서 사 온 각종 식재료가 입에 맞지 않을 때 고추장에 밥을 비벼 먹으면 개운하단다. 나는 그녀의 말에 따랐다.

구지뽕 고추장에 밥을 비벼 먹고 구기자 발효차로 몸을 클린한다. 밤중에 머리, 얼굴과 목, 앞가슴에 철벅거릴 만큼 진땀이 났다. 금방 효과를 볼 수는 없겠지만 도둑 땀은 무섭고 끈질겼다. 큰 수술을 받고 누워 지낼 때 겪던 바로 그 도한 같았다. 쉬이 고쳐질 증상이 아니었다. 열심히 구기자 차를 마셔보자. 나는 마음을 다졌다.

생활 습관의 개혁, 식생활의 개선! 나는 밖으로 눈을 돌렸다. 햇빛 빛날 때 산책하기가 그 첫 번째였다. 바닷바람이 강하게 불어 동백나무 숲을 흔들어도 나는 용감하게 밖으로 나갔다. 바람과 햇살을 사랑하고, 그들을 내 삶 속으로 끌어들이는 것, 노도 섬의 자연을 누리고 그 자연 속에 동화하는 것을 우선으로 삼았다.

다음 날은 옆집 시인과 함께 은모래비치로 나들이 갔다. 지나는 곳마다 두모, 설리, 소량, 화계, 바래길 같은 예쁜 이름을 가진 마을이 나타났다. 그 마을 앞에는 호수처럼 잔잔하고 평화로운 바다가 고요히 펼쳐졌다. 잘 그린 그림처럼 아름다웠다.
시인은 매일 첫 배를 타고 나가 해안을 끼고 연결된 산길, 둘레길을 걷는다고 한다. 걷다가 예스러운 찻집이 보이면 들어가 차를 마시면서 시를 쓰고, 앵강만 바다를 객관적으로 바라보며 서포 선생을 생각한다고 했다. 나의 장편소설 중노동과는 다른 모습이었다.

이제 반 이상 내 목표가 이뤄지고 있다. 술술 연결되는 문장이 이제까지의 내 노고를 대변하고 있다. '너무 애쓰지 말고 여유롭게'를 실천할 때가 된 것인가. 쓰면서 사유하고, 쓰면서 느긋하고, 쓰고 나서 환희를 체험하는 일. 마침내 혁혁한 결과를 바라보며 미소 짓는 일. 이처럼 나의 일상에 여유와 동기를 부여하는 일이 시급했다.

점차 몸 상태는 최적을 유지했다. 이 상태가 좀 더 진전이 된 후에 여행도 획책해 보리라. 움직이면 보인다. 움직이면 배운다. 움직이면 도한을 멈추고 반드시 청량한 꿈을 꿀 수 있다. 나는 드디어 도한을 물리치는 방법을 개발한 것인가.

호수처럼 평화롭고 잔잔한 앵강만 바다를 바라보며 나는 나에게 맹세한다. 무엇보다 먼저 몸의 작은 속삭임에 귀 기울이자고, 자기 자신을 사랑하자고.

한번 앉으면

새벽에 잠이 깼다. 곧바로 책상으로 나온다. 제일 먼저 기도를 한다. 기도로 마음을 평정한 다음 노트북을 열고 메일을 확인한다. ZUM, 네이버, 다음을 오가며 뉴스를 보기도 하지만 오래 걸리지 않는다.

언제나 책상에 앉을 때는 간절한 뜻이 있다. 그 뜻을 십이분 펴지 못한 채 하루가 그냥 흘러가도록 보고만 있을 때도 있다. 나태와 방관을 의도적으로 무심하거나 즐길 때도 있는 것이다. 왜냐하면 책상에 한번 앉으면 밥도 잠도 잊어버린다. 세수도 했는지 안 했는지 모른다. 내가 쓰고 있는 글 속에 폭 빠져버린다. 서쪽 하늘에 노을이 찬란하게 불탈 때 나는 각성한다. 최소한 끼니는 놓치지 않아야 한다고.

'노트북을 열고 한번 앉으면 그대로 밤'

이게 보통 일이 아니다. 책상에 다가앉기가 어렵다는 거다. 어떤 때는 겁도 난다. 책상은 나에게 소중한 일터이면서 족쇄이기도 하다. 공부하는 게 재미있어서 밤 지새우기를 밥 먹듯, 그렇다. 그 공부가 지금 나에게 약이 되고 삶의 원천이 되고 있다. 죽을 때까지 계속할 나의 업이다. 이즈음 책상에 앉기가 이처럼 괴롭게 여겨지니 그게 탈이다. 아침부터 저녁까지 앉아 있다. 물론 일한 보람, 기쁨을 얻게 된다.

눈이 오려는가. 왜 이리 몸이 서늘한가. 섬에서 절벽을 오르다 괴상한 자세로 엎어진 후부터 읍내 병원, 정형외과와 한방에 치료받으러 배 타고 다녔다. 시간 손해가 이만저만이 아니다. 그게 언젠데 아직도 팔과 다리가 찢어지듯 아프다. 전신에서 신음 소리가 들려온다. 각 기관 부위가 저마다 외로움과 통증을 호소한다.

창밖에는 눈발이 장난하듯 날리고 있다. 날씨가 흐리고 바람 심한 날 나는 온몸에 파스를 붙인다. 저리고 아린 팔과 손목에는 붕대를 칭칭 감아준다. 언제나 오른손이 일을 더 많이 한다. 왼손이 저 혼자 한가로움을 누리는 것은 절대 아니다. 오른손 못지않게 움직인다. 왼손도 아프다고 호소한다. 때로는 오른손보다 무거운 짐을 드는 일이 많아 더 수고로운 게 왼손이다.

나는 왼손에게 할 말이 없다. 내 잘못이니까. 태백산 비구니 스님의 말씀이 하 고맙고 간절해서(?) 혹한에 산사를 갔는가. 큰 기도 때마다 나를 챙겨주시는 스님의 그 마음, 내 중생살이의 고달픔이 그 겨울 830m의 산사로 몰고 갔던가. 그날 밤 부처님 가피가 나에게 임하지 않았던가. 빙판이 된 산에 마귀의 화살이 나의 전신으로 날아왔던가. 컴컴한 새벽 산길에서 넘어진 그 상처는 오래 전이고 이제 다 나았다.

좀 견딜만하다고 여길 즈음에 노도 섬에서 타의에 의해 이중으로 또 다쳤다. 전화기 들기도 버겁다. 왼손에게 유구무언이다. 다만 책상에서 물러나 쉬어주는 것밖에는. 한번 앉으면 그대로 밤까지 이어지는 이 작업이 끝내 나를 어디로 내몰 것인가. 나는 어쩌다 여기에 이르렀는가? 과연 누구에게 물어야 할까.

초등학교 3학년! 난데없이 글짓기 상장을 준, 충청북도에서 시인으로 이름을 날리던 S 선생님을 탓해야 하는가. 조그만 어린 소녀가 C시 중앙방송국에 가서 자작시를 낭독한 게 화근인가. 국군 아저씨에게 위문편지 써 보내다가 잘 썼다는 칭찬에 우쭐한 것인가. 어린 시절 말고 또 성찰해야 할 건수가 더 있다.

삶이 노상 희망을 짓밟고 벼랑으로 곤두박질해서였는가. 깊이와 연원을 가늠할 수 없는 천래적 고독이 문제였던가. 나는 끝내 알 수가 없다. 책상에 한번 앉으면 해가 뜨는지 노을이 지는지를 모른다는 사실에 대해서.

《사라 숲 바람의 말》

– 곽정효 작가의 소설을 읽고

사라(沙羅) 나무 숲속을 흐르는 부처님의 숨결처럼《사라 숲 바람의 말》책 한 권이 귀한 손님처럼 은밀히 다가왔다. 밝고 화사한 표지를 보는 순간 사라 숲은 광명의 세계, 예지와 신비로움이 가득한 영원불멸의 세계로 연상되었다.

인구소멸 시대. 최고령사회로 나아가고 있는 세태에 제목에서부터 선진화한 소설로 여겨졌다. 지구촌 전역으로 확산되는 각종 바이러스 공격, 점차 보편화되고 있는 시험관 아기, 로봇 연구가 활발하게 논의되어 머지않아 로봇이 인간의 역할을 대신하게 될 확률이 높은 현실이다. 영혼이 없을 뿐 로봇이야말로 인간 대체

용으로 실생활에 유익하고 합리적인 방편이 아닌가. 책을 읽으면서 여러 갈래의 상념이 일어난다.

《사라 숲 바람의 말》에서 뇌과학과 로봇을 연구하는 박청준의 혼외자 강식의 정자로, 옥수는 불임 남편과 시어머니의 제안을 받아들여 시험관 아기 평미를 출산한다. 평미의 세상 출현은 호적상의 아빠와 생물학적 아빠의 구분이 있더라도 인구소멸 시대에 인간의 탄생은 축복이 아닐 수 없다.

부처님은 나무와 연(緣)이 깊었다. 태어남은 룸비니동산 무우수(無憂樹), 깨달음을 얻은 것도 보리수나무 아래였다. 열반은 성수(聖樹)인 사라 나무숲에서였다.
그때 꽃필 절기도 아닌데 갑자기 꽃을 피운 사라 나무에서 누워 계신 부처님 전신으로 꽃비가 내렸다. 아난다는 사라 나무꽃이 꽃비 되어 내리는 가운데 열반에 드는 부처님을 슬픈 눈빛으로 바라보고 있다. 부처님이 아난다에게 말씀하셨다.

> 사라수 꽃잎이 떨어지는 것만이 부처님을 공경하는 게 아니다. 진리를 몸에 지니고 진리를 따르는 것이 부처님을 공경하는 것이다.

진리란 진공묘유(眞空妙有), 즉 육신의 생멸 유무에 집착하지 말라는 부처님의 마지막 가르침이었다. 사라 숲은 삼라만상이 함께 어울려 상생 상보하는 가장 이상적인 우주 광장, 생명의 장이고 《사라 숲 바람의 말》은 곧 부처님의 유훈과 맥락을 같이한다고 본다.

로봇과 인간이 공존·공생하는 세상이 오더라도 우리는 모두 하나이고, 우리의 본질은 자비와 사랑이다. 우리는 자성(自性)을 갖춘, 불구덩이에서도 불멸하는 장엄한 존재이기 때문이다.

제3부

고향에 가고 싶어!

어제 하루를 완전히 공쳤다. 심화(心火)가 내 영혼까지 잠식해서 한자리에 좌정할 수가 없었다. 그동안 얼마나 잘 인내해 왔고, 얼마나 무던하게 내가 쓰는 소설 작품을 위해 헌신했는지 나만 알고 있는 사실이다. 비타민D 생성을 위해서도 잠시 잠깐 햇살 쪼이러 밖에 나가는 시간도 아까워라 몰두했다. 그게 다 허망하게 느껴진다.

'어떻게 하지? 내가 어디에 설 자리가 있어? 날 보고 어디로 가라는 거야?'

오전 내내 나는 집안을 뱅뱅 돌면서 고민했다.

아니나 다를까. 오늘은 수뢰둔이었다. 더 해석할 여지 없이 상당히 곤란을 겪을 것이라는 사실을 의식하자 외출도 어려울 것 같았다. 넘어지거나 다칠 수도 있다. 그게 반드시 수뢰둔의 일진이어서가 아니라 심신이 몹시 지쳐 있기 때문이다. 내 작업에 비상이 걸린 것이다.

나는 악조건(?)을 묵살하고 외출을 시도했다. 똥고집이었다. 캐톨릭 기관에서 운영하는 식품점에서 지난가을 구입한 김치를 떠올렸다. 그동안 김치냉장고에 김치가 있는지 언제 사놓았는지도 잘 모르고, 꺼내 먹은 일도 별로 없다. 혹시 몰라 큰 한 포기를 봉지에 담고 잘 포장했다. 우리 집에서 현재 외부로 나갈만한 것이라곤 폭 익어 유산균이 잘 어우러졌을 김장 김치 한 포기가 다였다.

언젠가 한번 먹어보니 이제까지 경험한 절임 배추, 유명한 요리연구가, 명장 김치, 모든 종류 중에 이번 김치 주문은 거의 70% 성공한 것 같았다. 빈손보다는 김치 한 포기라도 들고 가는 게 도리일 것이다. 김치는 만두 속에 넣어도 맛있고, 아무려나 쓸모가 있을 것이라는 생각이 들었다.

나는 김치 한 포기를 비닐봉지에 싸서 떨쳐 들고 집 밖으로 나갔다. 전혀 예상에도 없고, 나갈 만큼 내 심신 상태가 양호한 것도 아니었다. 나는 지하철에 오르자 집에서 나오기를 잘했다고 여겼다. 늘 혹사당하는 눈을 쉬어줄 겸 질끈 감았다. 눈을 감을 만큼 여러 가지 탈 것 중에서 나에게는 지하철이 가장 안심이었다. 안국역에서 내려 버스로 갈아탔다. 지하철은 지하철대로, 버스는 버스대로 창밖의 풍경을 바라보는 재미가 있다.

나는 서울이 좋다. 언제나 서울에 다시 돌아올 수 있을까. 미세먼지 심하고 코로나19가 기승부릴 때는 시골로 가고 싶은 마음이었다. 모처럼 서울에 나오고 보니 서울로 이사 가고 싶은 마음이 간절하다.

대학로는 너무나 빠르고 무섭게(?) 변화·발전하고 있었다. 주변에 새로 지은 건물이 보여 여기가 어디지? 하고 누구라도 붙잡고 묻고 싶었다. 예전의 한국문화예술위원회 그 건물 전면에는 백목련이 활짝 피어나 저 홀로 고아한 아름다움을 뽐내며 서 있다.

마로니에공원이 전에 비해 많이 변했다는 것을 발견했다. 특히 독립운동가 김상옥 전신 동상은 그 자태가 마로니에공원을 배경으로 해서인지 내 눈에 매우 훌륭하게 보였다.

남해유배문학관 앞마당, 횅뎅그렁한 벌판 같은 곳에 쓸쓸히 자리하고 있는, 서포 선생의 좌상(坐像)을 떠올리지 않을 수가 없다. 주변에 나무 그늘도 없고, 들꽃도 없는 허허로운 장소에 방치되어 있어서다. 아무리 동상이지만 벌판 같은 장소에 비바람에 방치되어 홀로 있는 게 유감스러웠다. 남해 지역에 유배 온 다른 유배객들 동상도 함께 있으면 보기에 좋을 것 같았다. 유독 서포 선생뿐인가 나는 의아했다.

생각에 잠긴 사이 목적지에 이르렀다. 민이는 차를 청소하고 있었다. 누군가가 차를 긁어 생채기를 남겼고 차 문에 껌딱지를 붙여놓았다면서 한참을 닦았다.

"왜 갑자기 차를 닦을 생각을 했니?"

"이모 나 청주 가고 싶어요"

청주를 진즉에 염두에 두었던가. 민이가 내 말이 떨어지기 바쁘게 청주를 말했다. 차를 닦는 이유가 청주를 가기 위한 것인가. 청주는 우리 형제들의 고향인데 가고 싶으면 제 엄마가 살았을 때 다 함께 갔으면 좋았을 것을. 왜 갑자기 청주를 말하는지 나는 그 까닭을 묻지 않았다. 민이도 제 엄마가 타고 다니던 차를 닦으면서 울화가 있는가 보다, 내 방식대로 헤아렸다.

"청주는 네 엄마가 가고 싶어 했어. 네 엄마랑 나랑 그때가 언제니? 한여름이었어. 청주에 갔단다. 청주 시외터미널에 도착하자마자 택시를 타고 제일 먼저 우리 형제들이 다닌 교대부속초등학교에 가보았어. 새 건물이 우뚝 서 있고 우리들이 뛰어놀던 운동장이 너무 작아 보였어. 그것참 희한하더라.

6.25가 발발하고 그때가 7월 초순쯤이던가. 담임 선생님이 갑자기 우리들을 운동장에 집합하라더니 여름방학을 선언했어. 하늘에 B29가 하얀 줄을 그으며 날아가던 때였어. 태어나 처음 보는 비행기였지. 무섭기도 하고 신기하기도 하더라.

우리가 살던 서운동 집은 그 근처가 하도 변해서 찾을 수가 없어. 탑동으로 올라가는 그 중간쯤인데 아무리 찾아도 모르겠어.

중앙공원에도 갔고, 우리 어릴 때 자주 아버지 등에 업혀 갔던 남궁 외과가 지금도 중앙공원 그 자리에 그대로 있어서 진짜 너무 반가웠지. 전교생의 소풍 코스였던 명암방죽은 옛날 모습이 전혀 안 나. 약수는커녕 시뻘건 녹물이 끔찍하더라.

택시에서 내려 무심천 둑길을 일부러 걸어보았어. 우리 외할아버지가 계셨던 용화사도 가보고, 육거리 시장에 가서 해장국도 사 먹었어. 옛날 모습은 거의 다 사라져서 황당했어. 그럼에도 불구하고 나 역시 또 가고 싶기는 하다. 이처럼 내 심정이 회오리를 만날 때 더욱 그리운 곳이 고향 아니겠니?"

나는 약속 날짜를 잡을 수가 없어 그렇게 긴 이야기를 늘어놓으며, 김치 한 포기를 민이에게 주어놓고 되돌아왔다. 오기 전에도 되돌아가는 길에서도 내 마음은 해 저물 때의 서늘한 바람결을 따라 마구 흔들렸다.

퇴근길의 버스는 만원이었다. 집으로 가는 마음이 바빠졌다. 지하철로 환승하면서 어느 곳이 됐든 머물 수 없는 마음을 다스려야 했다. 하루 이틀 견뎌보고 그래! 청주에 가기로 결정을 내릴까. 타의에 의해 떠나온 고향이지만 고향은 고향이었다.

다음 주로 약속을 잡을까. 그때쯤이면 무심천 변에 벚꽃이 만발할까. 올봄은 꽃 소식이 뜸하고 많이 더디다.

오리무중

 신경외과 진료 후 약 처방을 받았다. Dr는 뇌혈관이 좀 막힌 것 같고 충격을 받아 놀랐으므로 약을 먹어야 한다고 말했다. 교통사고 환자는 병원 구내 약국 말고 외래 약국에서 약을 구입하라고 했다.

 셔틀버스를 타고 병원을 나왔다. 근처를 둘러보았다. 약국이 보이지 않는다. 햇살 따가운 거리를 두리번거리며 걸었다. 20분 정도 걸었을 때 건물 안쪽으로 들어간 곳에 약국 간판이 보였다. 그 약국에 들어가 약 이름을 말했다.

 "이런 약은 없는데요. 큰길에 나가셔서 대각선으로 보면 ○○

약국이 보일 겁니다. 거기 가시면 이 약이 있을 것 같아요"

다시 땡볕을 걸어갔다. 걸음걸이가 불안하다. 걸음이 내 걸음이 아니다. 이때까지 치료받은 건 아무 소용이 없는가. 기이하고 한심스러웠다. 오히려 시간을 길에 버리고 다니며 병을 얻고 보탠 기분이 들었다.

겨우 약을 사고 집으로 돌아왔다. 나는 식후 그 약을 먹자 정신없이 곯아떨어졌다. 이튿날은 부처님 오신 날이다. 바쁘고 아프다는 핑계로 사찰은 코로나19 때문에 잘 가지 않았다. 오늘은 특별한 날, 친구도 만날 겸 가지 않을 수가 없다. 아침 식사 후 약 한 봉지를 먹고 집을 나섰다. 모처럼 부처님 오신 날 봉축식에 참석하고 싶었다.

○○사가 가까워지자 거리는 인파로 북적댔다. 교통경찰들이 등장해서 ○○사로 가는 인파와 차량을 정리하고 있었다. 나는 도량 가운데로 조심조심 들어갔다. 제일 먼저 향을 피워 올리고 탑을 세 번 돌았다. 그런 다음 사람들 틈새를 비집고 파고 들어가 돌의자에 끼어 앉았다. 봉축 법회는 법당 뜰 어디에서도 잘 볼 수 있도록 TV가 설치되어 있었다. 화면에는 사찰 마당을 내 집처럼 뛰어다니는 선재 어린이집의 어린이들이 보여 마냥 귀여웠다.

큰스님 법문은 간결하다. 귀에 쏙쏙 들어왔다. 특이한 것은 조선 태종 때 숭유억불 정책의 일환으로 도첩제를 폐지, 출가의 길을 막고 전국의 사찰을 대폭 폐쇄한 역사적인 사실이 화면에 떴다. 결국 일제에게 나라를 뺏기는 것으로 비정상적으로 마감된 조선 500년이었다. 코로나19는 인간이 지은 업 때문이라는 말씀이었다. 불법의 자비와 연기(緣機)를 더욱 깊게 체감할 수 있는 좋은 시간이었다.

돌아오는 지하철에서 졸음이 악마의 이불처럼 내 전신을 덮쳤다. 내릴 데서 못 내리는 실수가 발생한다. 이런 일은 처음 겪는다. 간 길을 되돌아와 다시 탔지만 순간적으로 다시 졸아 엉뚱한 곳에 왔다. 종점인가, 대체 여기가 어디인가. 갈팡질팡이다.

아무리 피곤해도 나는 지하철을 타고 다니면서 졸아본 일이 거의 없다. 졸면서 내릴 곳에 내리지 않고 종점까지 내처 가본 경험도 없다. 지하철에서 내 정신은 늘 시퍼렇게 눈뜨고 있었다. 이번 일은 좀 별났다. 내 본의가 아니므로.

인사불성으로 졸은 때문에 예상 시간보다 훨씬 늦게 집에 돌아왔다. 나는 곧바로 자리에 누웠다. 언제 어떻게 잠이 들었던가. 무슨 기척에 깨어나니 밤 12시 40분이었다. 속이 쓰리고 오른쪽 등줄기에 열이 뜨끈뜨끈 나면서 팍팍 쑤셨다. 통증이 머리에서 등허리로 옮겨갔나? 이 무슨 일인가?

치료받으면 받을수록 점점 머리가 깨지도록 아팠다. 강력한 통증이 황당하다. 급기야 시야가 흐려지면서 글자가 안 보이고 귀가 먹먹하다. 만원 지하철에서 졸다가 끝까지 가다니 이런 일 황당하다.

한밤중에 잠에서 깨어나 심신의 증상을 노트에 기술하고 있다. 대형 병원에 간 것이 잘못인가. 혹 치매 관련 신약 실험을 내가 당한 것인가. 끝내 오리무중이다.

지하철에서 인사불성으로 잠자다가 생소한 끝 지점까지 가면 어떻게 되는 것인가. 밤중에 길을 잃고 낯선 지역을 헤매면 치매 환자로 몰아 죽음길이 지척이라는 요양원에 강제 입소하는 게 아닐까. 가공할 일이 벌어질지도 모른다. 누가 책임져 줄 것인가. 추후가 더 두렵다. 죽는 게 두려워서가 아니다. 죽는 방법이다. 지금 죽을 수는 없으니. 이 무시무시한 오리무중에서 탈출하자!

나는 내가 복용한 약에 대해서. 괴상하고 많이 의아했다. 그러나 별도리가 없다. 병원과 약을 전폭적으로 의지하기보다는 나 자신을 더욱 단속하는 방법 외에는.

대청호 언덕을 그리며

환자 자퇴를 결심한 지 열흘째다. 잠자려고 누웠는데 몸이 막 아파지기 시작했다. 진즉에 아파 있었는데 잠자려고 하는 그 시간에 맞춰, 몸이 아픈 사실을 그제서야 인식시키는 것인가. 어디가 어떻게 아픈지도 모르게 아픔이 머리꼭지에서부터 목으로 어깨로 허리로 내려오는 것 같았다. 가슴은 왜 이리 먹먹한가.

아프다, 아파! 하는 사이 시간은 부단히 흘러간다. 밖에 비가 내리는가. 나는 자리에서 몸을 일으켜 베란다로 나간다. 창밖을 내다본다. 비 온 흔적은 있지만 비가 오는 건 아니었다. 비도 아니라면 내 수면을 방해하는 것은 그럼 무엇인가. 방충망을 뚫고 들어와 사람을 공격하는, 모기 축에 들지도 못하는 먼지보다 더 작은 날파리인가. 방으로 들어와 어둠 속에서 조금 더 뒤채다가 하는 수 없이 불을 켰다.

한밤중에 잠 깨어 무엇을 할 수 있는가. 매일이다시피 집에 도착하는 책을 골라 읽어야 할까. 집안 곳곳에, 아들이 머물던 방과 베란다에, 책이 질서 없이 쌓여 산을 이루고 있다. 꼭 읽어야 하는 책. 읽고 싶은 책, 광화문 교보문고에 나가서 딸과 내가 사 온 책들도 많다. 책을 읽기에는 내 목이 감당이 안 된다.

치료를 그만큼 했는데도 치료받은 그때뿐, 나은 건 아니었다. 내 긴 목을 더 잡아 뺀 것인가. 병 주고 약 주고였나. 조금만 고개를 숙여도 내 목은 신음하고 고통을 호소한다.

모니터를 대형으로 바꾸어서 컴퓨터 글씨 크기는 10포인트에 고정되어 있다. 굳이 머리 숙이지 않아도 잘 볼 수 있다. 요즘은 작업을 놓고 있으니 작업 때문에 아픈 목은 아니라고 본다. 작업은 고사하고 그야말로 요즘은 만사휴의, 사는 맛이 없다.

멀리 떠나보는 건 어떨까. 두루 아픈 현실에서 멀어지는 것, 복잡한 사념에서 탈피하는 것, 생소한 환경에 처해보는 것, 온갖 궁리를 다 한다. 이럴 때 나는 생시의 아버지가 그립다. 아버지는 어쩌면 내 심경을 그리 잘 간파하시는지, 매번 감탄이 터져 나오게 된다.

"너! 또 어디 가고 싶은 거지?"

함박눈이 퍼붓는 날이었다. 나는 무궁화호 기차를 타고 동해 바다로 달려갔다. 아무 연고도 없고 가본 일도 없는 생소한 곳이다. 아버지가 내 코트 주머니에 은밀히 찔러준 용돈은 대개 그런 용도로 쓰였다. 아버지는 내 마음속을 거울처럼 잘 파악하고 계셨다.

내 최초의 장편소설 《마흔넷의 반란》 3권 집필 계획은 그때 이미 동해 바다로 떠나던 그 밤, 내 영혼 깊은 곳에서 싹트고 여린 가지를 키우고 있었을까. 이른 아침 남청색으로, 빛나는 동해 바닷가 바위에 걸터앉아, 청둥오리 떼의 자유로운 유영을 바라보며 나의 뇌리에 종횡무진 장편소설이 쓰여졌는지도 혹 모른다.

"조심하고 잘 다녀오라"

장편소설 《마흔넷의 반란》 저작 계기는 오로지 자상한 내 아버지의 지원 덕분이었다. 딸의 심경을 거울처럼 꿰뚫는 아버지의 혜안에 기인한다.

이처럼 나이 들수록 간절하게 아버지를 그리워하게 될 줄 미처 몰랐다. 불현듯 대청호 언덕 부모님 산소에 다녀오고 싶다. 월례 행사처럼 매달 1회씩 다녀오다가 수시로 출현하는 멧돼지에 겁을 먹고, 18회를 마지막으로 가지 않은 지 오래되었다.

솔 향기 난만한 가운데 엉겅퀴와 산나리꽃이 활짝 핀 대청호 언덕을 그리며 이 밤 다시 잠을 청해본다.

절집 나들이

까마득한 시절의 이야기다. 다섯 살이었던가, 여섯 살인가 잘 기억이 나지 않는다. 어머니는 그때 아기를 안고 있었다. 아마도 내 다음 동생보다 더 어린 젖먹이 동생인 듯하다. 아기는 울거나 보채지 않고 어머니의 품속에서 잠들어 있었던 것 같다. 어머니 오른쪽엔 내가 앉아 있었고, 왼쪽에는 막내 이모가 앉아 있었다고 기억한다.

장소는 청주극장이었다. 시간은 밤이었고 좌석은 무대에서 바라볼 때 오른쪽, 비교적 앞자리에 속한 것으로 유추된다. 극장 안은 무대를 빼놓고 캄캄했다. 아무도 떠들거나 움직이는 사람은 없었다. 저마다 무대에 펼쳐지는 연극(영화-활동사진)을 보면서 변사가 연극의 내용을 설명하는 것을 놓치지 않으려고 다른 것은 돌아볼 여념이 없는 상황인 듯, 극장 전체에 고요가 흘렀다.

그런저런 풍경을 지금 이렇게나마 술회할 수 있는 것은 어머니가 낮 시간이 아닌 이모의 퇴근 이후, 다른 자식들은 집에 놔두고 갓난아기를 안고서 극장 나들이를 감행한 것이 어린 나에게 기이한 일로 각인돼 있기 때문인 것 같다.

굳이 갓난아기를 데리고 극장에 와야 하는 긴박한 요인이 있었는지 그것은 내가 상상할 수 없다. 내 위로는 언니와 두 오라비가 있었는데 어째서 그들을 제쳐두고 나를 데리고 갔는지 지금껏 의문이 아닐 수 없다. 내가 졸랐던가. 따라가겠다고?

극장 안은 조금 습하고 서늘했다. 어머니와 막내 이모는 그에 대하여 조금도 신경 쓰는 기색이 없었다고 여겨진다. 잔병치레가 잦은 나 혼자서 서늘한 기운을 감지하고 있는 모양새였다. 나는 추위 몸을 움츠리고 있다가 소르르 잠이 들기도 한 것 같다. 얼마의 시간이 흘렀을까. 갑자기였다. 큰 비명에 놀라 눈을 번쩍 떴다.

무대에는 한 사내의 목에서 흰 피가 쏟아져 공중으로 솟구치는 장면이 펼쳐지고 있었다. 피라고 하면 누구나 새빨간 피, 검붉은

피를 연상하게 된다. 후줄근한 한복을 입은 그 사내, 이차돈(異次頓)의 목에서 흘러내린 피는 희미한 조명으로도, 졸음이 덜 깬 어린 나의 눈에도 하얀 피가 분명했다. 일시에 주변은 극심한 긴장감으로 얼어붙었다. 일체의 소리와 기척이 모조리 정지된 채 경악과 당혹감만이 극장 안을 가득 채웠다. 그리고 곧 영화(활동사진)는 막을 내렸다.

하얀 피가 흘러 어디로 갔는가. 사람들은 공포와 불안감에 휩싸여 허둥지둥 극장 밖으로 나갔다. 어머니가 황급히 아기를 업었고 막내 이모는 나의 손을 꼭 잡았다. 그날 밤 청주극장에서 〈이차돈의 사(死)〉를 본 것이 나로서는 불교와 접한 최초의 구체적인 사건이었다고 할 수 있다.

초등학교 다닐 때부터 우리 형제들은 아버지를 따라 용화사에 자주 갔다. 외할아버지께서 계시던 곳이라고 했다. 용화사는 수령 높은 벚나무 수십 그루가 양옆으로 심어진, 무심천 둑길을 십여 리 정도 걸어가면 까치내 못미처 성 둑 아래 편안해 보이는 절이었다. 대웅전 한옆에 작은 연못도 있었던가. 연못이 아니라 무심천이던가.

아버지는 모시 두루마기를 단정하게 입고서 우리에게 부처님께

절하는 법을 가르쳐 주셨다. 아버지가 절을 할 때마다 우리들은 모시 두루마기가 스각스각, 별스러운 음향을 자아내는 것을 들을 수 있었다. 어머니는 집안 살림과 고만고만한 동생들 시중들기 바빠서 절에 갈 겨를이 없었던지 용화사 갈 때는 언제나 아버지와 함께였다.

우리 형제들은 스님의 염불을 알아들은 것도 아니고, 법당 안에 모신 부처님, 신중, 탱화의 의미를 알 수 없었다. 알려고도 하지 않았다. 다만 늘 바쁘신 아버지와 함께인 게 즐거웠다. 서로 경쟁하듯 무릎이 삐꺽거리도록 엎드려 절하는 것이 그냥 좋았다. 더 신나는 것은 법회가 끝난 다음 둘러앉아서 먹던 절밥이었다. 요즘의 유기농 채소 맛에 비할 바 없는 각종 나물의 참맛이라니! 다소 비관적인 예측이지만 그때 아버지와 형제들과 함께 먹던 나물은 어디서고 다시 먹을 기회가 주어질 것 같지 않다.

여고 시절 각종 특기, 이를테면 운동, 미술, 음악, 문예 등등에 재능 있는 선후배의 모임이 있는 날, 우리는 사진 촬영을 하기 위해 벚꽃이 흐드러지게 만개한 무심천 둑길을 걸어 시내에서 제법 떨어진 용화사로 가곤 했다. 불교 신자이건 아니건 그건 아무래도 상관없었다. 나는 용화사에 거의 익숙해져 있었으므로 외갓집에 온 것처럼 앞장서서 절 마당을 뛰어다니곤 했다.

보은 속리산 법주사를 비롯 충북과 충남의 중간에 있는 안심사, 서울 K대학교 근처의 연화사, 또 괴산 연풍의 ○○암 등, 외가 친척들과 함께 외할아버지가 그렸다는 불화 탱화를 찾아서 절 출입을 많이 했다. 외할아버지의 흔적을, 자취를 만나는 일은 쉽지 않았다. 6.25 때 일찍 돌아가신 외삼촌 대신 외사촌 오라버니가 무수히 고생했지만 단 몇 점의 불화만 확인했다고 하던가.

특별히 무슨 재일이 아니더라도 느닷없이 절에 가고 싶은 날이 있다. 나는 얼마 동안 그 동네에 머물러 산 적도 있는, 홍릉 근처 국립수목원 안에 위치한 연화사로 간다. 유감스럽게도 절은 옛 모습이 아니다. 아예 생소하다. K대학교의 시멘트 건물이 절 담장에 바싹 붙어 있다. 절의 공간, 여백의 미가 깡그리 소멸한 점이 애석했다.
외형만 협소하게 변한 게 아니었다. 사찰이 지니고 있는 고유의 신령스러운 영적 분위기가 사라진 듯, 사뭇 허전하기까지 하다. 법당에 들어가 참배하고 돌아오는 발걸음이 결코 가볍지 않다.

다른 건 다 변해도 절집만은 옛 그대로가 좋은 게 아닐까 생각하며 쓸쓸히 절 문을 나오곤 한다. 그러나 나는 그곳에 가는 것을 쉬이 포기하지는 않을 것이다.

아버지의 딸

 요즘 내 뜻대로 일을 잡은 게 별로 없다. 손에 일이 잡히지 않았다. 이 여름, 얼굴을 벌레가 파먹어 레이저 수술을 받았다, 마취를 해서 아픈지 어쩐지 잘 모르고 지나갔지만 삼복염천에 매우 힘들었다. 이제야 딱지가 떨어지고 부풀어 오른 부분이 진정되었으나 완치는 아니었다. '그나마 다행이다'라고 스스로를 위로한다. 씁쓸하고 석연치 않은 감정은 여전하다. 자기 자신을 스스로 보호하지 못한 결과니까.

 이 책 저 책 들춰보다가 읽어지는 책이 있으면 앉은 상태로 끝장을 본다. 그럴 때는 잡다한 생각들이 절로 희석된다. 재미가 있어 아프다는 생각은 끼어들 틈이 없다. 지금 나는 책을 펼 수도 읽을 수도 없다. 나는 요즘 많이 아프다.

그동안 여러 병원 다녀본 경험으로 물리 치료 제일 잘하는 곳은 소설가 동료 동생의 병원이다. 우리 집에서 멀다. 지하철로 종점까지 가서 시외로 가는 버스로 갈아타야 한다. 꽤 먼 곳이므로 환자 노릇 하기가 고달프다. 우선 창피하다. 아픈 사람이 무슨 창피고 체면이고 따지느냐 하겠지만 정신이 맑게 살아 있으니 아픔도 느끼는 것이다.

아픔에 자주 노출되는 까닭은 즐겁게 노는 일에 문외한이기 때문일까. 나의 큰언니가 지적했다. 멀쩡하게 생겨가지고 연애 한 번 못 해본 맹꽁이라고. 그런 이유일까. 매일 조그만 밥상 껴안고 글 쓰다가 어머니에게 수도 없이 야단맞은 일. 어머니가 조그만 밥상을 번쩍 들어 마당에 매친 일. 이제 와 생각하니 어머니 잘못이 아니었다. 내가 어리석었다.

옷도 예쁘게 입을 줄 모르고 노상 집안에 앉아 있는 둘째 딸이 한없이 미웠을 것이다. 딸의 장래까지 걱정하셨을 터이다. 내가 꼭 어머니 염려대로 지금 그 모양 그 상태, 그 지속이 아닌가.

까치가 잘 익은 배를 골라 부리로 쪼듯, 이 여름 이런저런 통증이 합동으로 내 전신을 인정사정없이 쫀다. 이럴 때 내가 쉰다고 하면 절 마당 밟는 일이다. 더러는 친구 만나서 인사동 뒷골목으로 코다리조림 먹으러 가는 일을 빼면 다른 놀이는 허용되지 않는다. 노는 게 무엇인지, 무엇을 하고 지내야 즐거운지조차 모르므로.

행여 나에게 어울리는 옷을 산다 해도 무엇을 어디 가서 어떻게 사야 하는지 완전 절벽이다. 오죽하면 내 언니가 나를 붙들어 앉혀놓고 옷감을 떠다 재단하고 재봉틀을 돌려 만들어 입혔을까.

소설가 동료가 잘 익은 순무 김치를 보내주었다. 순무 김치에 브로콜리, 쪽파, 호박나물, 폭 고은 백숙으로 저녁밥을 먹었다. 그 소설가의 착한 마음씨에 감동한다. 순무 김치를 보내준 성의에 밥맛이 반짝 살아난 것 같아 고마웠다.

치과에 다녀온 후로 입맛이 다시 증발하고 있다. 며칠 사이 4kg 이상 체중이 줄었다. 먹으면 체외로 배출되지 않는다는 항생제를 열심히 먹어도 치아 고통은 여전하다. 참으로 참아내기 쉽지 않다. 전생에 내가 거부 장자였다는 말 믿어도 돼? 돈 모으느라고 어려운 사람들 돌보지 않은 업보를 지었는가? 이처럼 몹시 아프다고 언제까지 울부짖어야 하나?

오늘의 주역은 택수곤괘(澤水困卦)였다. 현재의 내 상황을 그대로 보여주는 사대난괘(四大難卦) 중 하나다. 난괘라고 무조건 해롭고 나쁜 것도 아니다. 이 상황에서 새삼스럽게 실망할 이유는 없다.

> 상왈 택무수 곤 군자이 치명수지(象曰 澤无水 困 君子以 致命遂志)
> 연못에 물이 없어 곤궁하지만 군자는 자신의 사명을 위해 목숨을 바쳐 뜻을 이룬다.

곤궁해도 정성을 다해 움직여야 한다는 뜻 같다. 무작정 몸을 사리고 겁을 내 주저앉는 것은 현명한 방법이 아니다. 어린 시절 늘 내 머리맡에는 한약 사발이 놓여 있었다. 보다 못한 어머니가 나를 부산 사는 김 사장님에게 수양딸로 보내려고 했을까. 남의 부모를 섬겨야 명을 잇는다면서 어머니가 적극 추진했다는데, 출장에서 돌아온 아버지가 반대했다고 한다. 남의 부모 섬기는 운명을 거스른 때문인가.

나는 집 밖의 집, 친구 집에서 보낸 고등학교 3학년 그 시절이 건강 면에서 가장 자유로운 기간이었다고 여긴다. 친구 집이라는 생각이 전혀 들지 않을 만큼 내 건강은 충분히 평화로웠다. 친딸처럼 보살펴 주신 친구의 부모님이 살아 계실 때, 제대로 예의를 차리지 못한 게 후회막심이다.

작년 가을 토지문화관 입주하러 집 떠날 때도 나는 아프다 힘들다 하면서 겨우 집을 나섰지 않은가. 그곳 추운 방에서 두 달여를 찬물로 샤워하며 강건하게 상쾌하게 잘 지냈다. 글 쓰는 데 폭 빠져서 아픈 줄을 몰랐다. 집에 돌아와서는 그 반대 현상이 일어났다. 아파! 힘들어! 한탄 일색이다.

"아! 나 왜 이렇게 아파? 무슨 까닭이야?"

내 실정은 이러한데 어떤 의사, 병원은 내가 진료실에 들어서면 인사말처럼 꼭 한마디, '건강하다'고 말한다.

"무슨 운동을 하시느냐?"

"어쩌면 당뇨도 고혈압도 없으시네요"

고혈압 당뇨가 누구나 지니고 살아야 할 보편적 병증인가. 그렇다면 나의 병증을 일러 마음의 병이라고 해야 할까. 천래의 고독병을 앓고 있는 것인가.

잡념 떨치고 좌정하자. 책을 읽고 책을 쓰는 것만이 구원이다. 오로지 자주국방이다. 택수곤괘로 기죽지 말고 분발하자. 이럴 때는 아버지가 어린 나를 업고 병원으로 뛰어가던 그 시절이 유난히 그립다.

"나는 내 아버지의 딸이다"

나는 누가 듣거나 말거나 힘차게 외쳐본다. 아버지를 생각하면 아플 수가 없다.

나 어릴 때

　나 어릴 때 취학 연령은 일곱 살이었다. 3월에 생일이 지났으면 바로 입학이 가능했다. 나처럼 그해 3월에서 7개월이 모자라면 보결생이 되는 거였다. 시내에서 시오리쯤 먼 그 학교를 위 형제들이 줄줄이 다녀서인가. 청주시의 유일무이한 상당 유치원에서 배운 게 유효했는가. 나는 무난히 입학시험까지 치르고 C시의 변두리 잠두봉 아래 있는 국립사범부속초등학교에 입학할 수 있었다. 대개 그 시절에는 취학 연령을 초과, 두세 살 많은 언니 오빠 같은 학생들이 수두룩했다.

　나는 몸이 허약한 데다 입맛도 까다로웠다고 할까. 부모님은 내가 학교 공부를 제대로 따라갈 수 있을까 걱정이 많았다. 어머니는 나의 밥 먹는 모습을 보면 숟가락을 뺏어가지고 한 숟갈 크게 떠서 내 입에 넣어주고 싶다고 했다. 어머니는 음식 솜씨가 좋은 편이었고, 끼니마다 색다른 반찬이 올라왔다. 형제들은 경쟁하듯 맛나게 밥을 잘 먹었지만, 나는 어머니 말씀을 인용하면 늘 깨작거린다고 했다. '깨작'이 무슨 뜻인지. 표준국어대사전에 그런 단어가 있는지 모르겠으나 어쨌든 나는 밥 먹는 시간이 그리 즐겁지 않은 게 분명했던 것 같다.

그런데 나의 그 '깨작'이 제삿날만은 적용되지 않았다. 제사상에는 내가 좋아하는 음식이 몇 종류 올려져 있었다. 군침을 흘릴 만큼 입맛 나는 것들이었다. 첫째는 조기찜이었다. 아버지가 연평도에 자주 가시고 무슨 어장이라든가, 배를 가지고 있었는지, 아무튼 충청북도 내륙 지방에 살면서도 우리 가족은 조기, 굴비, 명란젓, 해삼을 가끔 먹을 수 있었다. 제사상에 올라온 조기찜은 가장 입맛을 돋우었고, 구미에 맞는 음식에 속했다. 어머니가 직접 생조기에 소금 간을 해서 큰 항아리에 차곡차곡 재워 삭힌 것이었다. 짜면서도 고소하고 달짝지근한 게 담백하고 맛이 괜찮았다.

제삿날이 돌아오면 나는 큰 기대를 가질 수가 있었다. 가마솥에 밥을 하면서 밥이 뜸들 즈음에, 순간적으로 솥뚜껑을 살짝 연다. 소금 간이 밴 조기 뚝배기를 집어넣어 쪄낸 그 맛, 흰쌀밥의 향기마저 곁들여 가히 환상적인 맛을 연출했다. 다행인 것은 다른 형제들은 산적이나 부침개 등을 선호했다. 내가 좋아하는 조기찜은 거들떠보는 일이 없다는 점이었다. 당연히 조기찜은 내 차지가 되었다. 조기찜 말고 생밤과 식혜도 있다. 나는 제사상을 받는 조상이 몇 대 누구인지 모르는 채, 제삿날을 기다리는 어린이가 되어 있었다. 제사 지내는 방식도 지역과 가정에 따라 서로 조금씩 다르기 때문이겠지만, 어쨌든 나는 내 어머니의 조기찜을 잊을 수가 없다.

요즘처럼 입맛이 변덕을 부리는 환절기에는 더욱 나 어릴 때 제사상에 올라오던 조기찜 생각이 굴뚝같다고 할까. 유명한 누구누구의 갈비찜이고 무엇이고, 나 어릴 때 우리 어머니의 조기찜만은 절대 따라올 수가 없을 것이라고 확신한다.

우리 집 딸은 이것저것 많은 것들을 사 들고 온다. 내가 기운 없네, 밥맛 없네, 노상 타령을 하니까 저도 걱정이 되는가. 그러나 그 애가 사 오는 것은 거의 단맛은 사카린이고, 느끼한 것은 조미료일 것이다. 상품성은 있지만 양념과 솜씨, 정성이 부족한 것들이다. 어쩌다 입에 맞는다고 하면 그것은 시장이 반찬일 경우이다.

"이딴 것 사 오지 마!"

"나는 맛있는데 왜 그래?"

딸이 항의한다. 딸과 나는 시대가, 성장 환경이 다르다. 그 애는 칭찬은커녕 돈 쓰고 타박이나 듣는 게 짜증이 날 것이다. 내 어머니가 나의 입맛을 잘못 길들여서인가. 자연환경 자체가 순수 청정했던 게 탈인가. 초등학교 시절 공부는 당연히 뒷전이었다. 산과 들에 온갖 것들이 어린아이들의 먹이가 돼주었다. 목화꽃, 산찔레순, 아카시꽃, 괭이밥, 보리깜부기, 밀 알갱이, 삘기, 꿩밥, 논배미에서 캐 먹는 올미나 까치밥을 다 먹고 다녀도 우리들은 건강하게 잘 자라지 않았던가. 가끔 횟배를 앓아 병원 출입을 하기는 했으나 생명을 위협받을 정도로 심각한 건 아니었다고 본다. 학교 가는 길은 풍경 또한 사계절 내내 명화를 연상케 했다.

나 어릴 때 먹던 음식, 나 어릴 때 뛰놀던 들판, 그때 그 친구들이 그리워 오늘은 초등 동창하고 카톡을 했다.

"코로나 언제 끝나니? 우리 그냥 마스크 쓰고 만나자. 정자한테도 네가 연락해"

친구도 어쩌면 내 마음하고 같을까. 우리는 서로 그리워하고 있었던 게 맞는 것 같다. 오늘은 밤이 이슥하도록 그리움이 물결친다.

눈물 젖은 고구마

그해 1월 9일이었다. 천지에 진눈깨비가 흩날렸다. 삽시간에 땅은 질퍽거리면서 미끄러웠다. 어머니는 이불솜을 뜯어 6개의 솜 모자를 속성으로 제조해 우리 형제들에게 씌어주었다.

어디로 가는지도 모른 채 무작정 남쪽으로 떠났다. 여름 피난 때처럼 그저 남쪽으로만 가면 살길이 있는 줄 알았던가. 우리 가족은 수많은 피난민 대열에 끼어들었다. 얼음 길을 걸어가는 건 혹한에 깡 훈련이었다. 대한민국 국민 누구라 할 것 없이 매우 어려운 곤경에 처한 것이다.

피난민들은 새끼줄로 자기네 가족을 묶고 우박인지 진눈깨비인지 모를 하늘의 수기를 덮어쓰고 오직 발걸음을 재촉했다.
　우리 가족도 예외가 아니었다. 대체 그 뽀송한 새끼줄을 아버지는 어디서 누구에게 빌려온 것일까. 우리 형제들은 아버지와 어머니가 이끄는 새끼줄에서 벗어나지 않으려고 안간힘을 썼다. 위 형제 꽁무니에 바싹 붙어서 발이 얼어 터지도록 죽기 살기로 강행군을 몇 날 며칠 계속한 끝에 드디어 피난지에 이르렀다.

　집 떠나온 그 시각부터 위장은 연달아 음식을 요구하는 신호를 보내왔다. 길바닥에 흙탕물로 변질된 진눈깨비라도 움켜 먹고 싶을 만큼 쪼르륵 소리가 머리끝까지 치올라왔다. 희성에다 독신인 아버지에게는 먼 친척뻘이었던가. 우리 가족이 대문 안에 들어서는 순간 그곳은 이미 시베리아 눈보라였다.
　아! 아버지는 왜 하필 여기에 이른 것인가. 이곳밖에 갈 데가 없었던가. 물보다 진한 게 핏줄이라고 맹신한 것인가. 다른 피난민들이 기를 쓰고 달려가는 생소하고 정처 없는 먼 길이 차라리 훈훈(?)까지는 아니어도 냉대는 면할 수 있는 것 아니었을까. 어른이 된 후 나의 생각이었다.

　다행인지 불행인지 친척 집 토굴에는 겨울용 양식으로 무와 배추, 감자 고구마가 지천이었다. 김장 때 캐놓았을 배추 뿌리도 그 맛이 일품이었다. 나의 오빠 두 명은 연신 토굴을 드나들며 고구마든 배추 뿌리든 무엇이든 몇 개 집어 들고 미처 밖으로 나오기도 전에 어적어적 그것을 씹었다.

"네! 이놈들!"

여자 형제들은 감히 그 창고 토굴에 가까이 가지도 못했다. 오빠 두 명이 던져준 배추 뿌리를 먹다가 친척 할아버지에게 혼나는 오빠들의 모습을 지켜볼 수밖에. 어린 마음에도 친척 할아버지의 처사가 심하다고 여긴 것일까, 아니라면 사납게 눈을 부라리며 호통치는 친척 할아버지 앞에서 기가 폭 죽어 떨고 있는 형제들이 불쌍해서인가. 나는 말없이 울기만 했다.

해 질 무렵 아버지, 어머니가 원근의 친척 집에서 쌀과 보리쌀 몇 됫박에 밀기울 같은 것을 얻어 들고 금강 줄기를 따라 멀리서 걸어오는 광경이 펼쳐졌다. 우리 형제들이 막 달려 나간다. 당시 친척 할아버지의 늘느리기와집에서 금강 하구가 훤히 내려다보이는 것이 더없는 기쁨이고 희망이었다. 그런 행사가 수차 이루어지다가 갑자기 전황이 바뀌면서 우리 가족은 고향집으로 돌아갈 수 있었다.

우리 집엔 진즉에 수많은 피난민들이 터를 잡고 방마다 들앉아 살고 있었다. 방뿐인가. 뒤꼍과 부엌, 대문간에도 어설픈 장막이 얼기설기 펼쳐져 있었다. 7개의 방 중에서 근근 안방 하나를 비우게 해 우리 가족이 그 방을 사용했다. 부모님은 그들과 함께 생활하는 것에 불평도 원망도 하지 않았다. 피차 사정이 딱해서 말을 할 처지도 아니었다. 오히려 밀기울 한 바가지라도 서로 나누며 살길을 모색했다.

겨울 피난살이에서 잊지 못할 것은 오빠들이 몰래 토굴에 들어가서 꺼내 온 생고구마 맛이었다. 세상에서 그처럼 달고 맛있는 고구마는 내 생애 두 번 다시 맛볼 수 없을 만큼 진귀한 것이었다.
나는 가끔 고구마를 사러 마트에 나간다. 고구마만 보면 떠오르는 그때 그 기억! 벌써 잊어도 좋고 잊어야만 하는, 수많은 세월이 흘러간 슬픈 과거사가 아닌가. 오래전 눈길에 미끄러져 정형외과에 입원했을 때도 나는 골절에 좋다는 생고구마를 약처럼 먹었다.

오늘 아침 나는 밥 대신 고구마를 먹으며 이제는 가고 없는 내 형제들과 함께 보낸 곤궁의 시절을 회상한다. 날이면 날마다 형제들과 모래벌판에 나란히 서서 부모님을 기다렸지 않은가. 너무나 아름다워서 서러운, 금강의 저녁노을을 바라보던 일이 골수에 사무친다.

그때는 토굴에 몰래 들어가 고구마를 꺼내 오는 오빠들도 무서웠고 친척 할아버지는 더욱 무서웠다. 이제 무서워 가슴 두근거릴 일도, 기가 막혀 숨죽여 울 일도 없다. 조만간 대청호 언덕 선산에 가게 되면 눈물 젖은 고구마를 회고하며 친척 할아버지 산소에 술 한잔 올려드려야 할 것 같다.

비 오는 날 추억에 젖어

5호선 공덕역에서 내리자 기다렸다는 듯이 소나기가 쏟아졌다. 맹렬한 기세였다. 내 가방에 준비한 작은 양산은 겨우 머리칼을 젖지 않게 하는 역할만으로 감사해야 했다. 비를 잠시 피할 곳이 있을까 하고 빗속을 걸어가며 주변을 살폈다. 가도 가도 아파트 단지만 나타난다. 길에서 만난 한 아주머니에게 길을 물었다. 내 질문에 발걸음을 멈추고 그 아주머니가 어떤 건물을 가리켰다. 고마운 분이었다. 눈을 들어 보니 걷고 있는 지점의 반대편에 희미하게 마포문화원이 보였다.

"마포문화원 저기가 끝인데요! 주민센터는 여기 없는 것 같아요"

폭우 속에서 길을 묻는 나를 지나칠 수 없었던가. 그 아주머니의 친절이 비에 젖은 내 마음을 따스하게 감싸주었다.

와아! 대단한 변화이고 발전이다! 이렇게 멋지게 변하다니! 나는 내가 가야 할 곳을 못 찾아 초조하기보다는 너무나도 서울답게, 완벽한 신흥도시로 변한 그 옛날의 마포 종점을 보면서 옛 생각이 빗물처럼 가슴에 고여왔다.

그랬어! 저기 저 지점이 아마도 버스 종점이었을 거야! 주성이네 한옥이 있던 그 골목의 화려한 변신, 그 반대편 복성이네 집이 있던 야트막한 언덕쯤에 형성된 아파트 단지를 바라보며 나는 잠시 추억에 젖어들었다.

국문과에 입학하고 우리는 셋, 넷으로 짝을 지어서 학교 행사나 강의실 이동할 때 잘 어울렸다. 시간이 널널하다 싶은 날은 고즈넉한 분위기를 품고 있는 은행나무 그늘을 찾아 명륜관으로 가거나, 혹은 잔디밭에 엎드려 네잎클로버를 찾으며 여유를 누렸다. 남학생들은 잔디밭에 누워 하늘을 바라보며 국문과 학생답게 한껏 폼을 잡고 자작시를 읊거나 휘파람으로 노래를 불렀다. 참 순수하고 보배로운 시절이었다.

우리는, 즉 금순, 복성, 나 이렇게 셋은 주성이를 좋아했던가. 한번은 마포 종점에 위치한 그의 집에 몰려갔다. 주성이가 매우 부티 나고 귀골스럽게 생겨서인가, 우리 셋은 누가 먼저랄 것도 없이 수업이 끝나자마자 그의 집까지 따라간 것이다.

　그의 어머니가 계셨다. 얼마나 품위 있고 우아한지 우리는 금방 그 중년 아주머니에게 매료되었다. 조금도 되바라지거나 당돌하지 않은, 순진무구한 우리 셋은 말도 못 할 정도로 주눅이 들어 버렸다. 마치 처녀 손님들이 몰려올 줄 아시고 꽃단장을 하신 것일까. 지극히 여성스럽고 기품 있는 모습에 그분이 내온 과일에 손도 대지 못했다.

　우리 셋 중 금순이는 귀염이 덕지덕지 붙어 있는, 매우 사랑스러운 소녀였다. 복성이는 마치 맏언니처럼 의젓했다. 언제나 값비싼 일제 블라우스를 입고 학교에 왔다. 그 동네 마포 종점에 살고 있는 복성이는 주성이와 같은 교회를 다닌다고 했다. 아! 복성이는 이름 글자 그대로 복도 많아라! 우리는 복성이가 그럴 수 없이 부러웠다.

　학교에서도 또 주일날 교회에서도 미남자를 만나는 복이 어디 흔한 복인가? 나는 복성이에 비하면 마포 종점의 가장 끝인 청량리 종점에 주소를 두고 있었다. 나는 우리 과 키꺽다리 영재가 안내한 K대학교 근처 휘경동 ○○교회를 다녔다.

　당시는 홍릉산을 넘어가야 휘경동 교회로 갈 수 있었다. 홍릉산을 넘자면 작은 개울을 끼고 양 사방에 숲이 우거진 국립임업시험장 산길을 걸어서 가야 한다. 경치가 좋았다. 각종 나무 향기에, 새소리도 들려오는 시적인 정취를 아우른 산책코스였다. 나는 산책코스였지만 주성이에게는 먼 길이었다. 마포 종점에서 청량리 종점까지 버스를 타고, 일요 아침 식사도 거른 채 예배 시간을 맞춰 내가 다니는 교회에 출석하는 것은 결코 쉬운 일이 아니었다. 가까운 데 사는 나보다도, 교회 앞이 자택인 영재보다도 더 빨리, 주성이는 우리가 다니는 교회를 찾아온 것이다.

영재와 나는 깜짝 놀랐다. 그게 한 주일만 그런 게 아니었다. 몇 주나 계속해서 우리 교회에 출석, 어찌 보면 《시시포스 신화》를 나에게 선물한 영재가 싫어할 수도 있다. 나는 영재에게 우리가 공덕동 교회로 한번 가보자고 말할까 생각했다. 그런데 얼마 못 가 그의 형한테 무슨 소리를 들었던가. 주성이는 우리 교회에 나오지 않았다.

주성이를 좋아하는 여학생은 우리 셋 말고도 여럿이 더 있었다. 다른 남학생들은 빛바랜 군복 바지에 헐렁한 티셔츠를 걸치고, 게다가 투박한 군화를 신고 학교에 왔다. 주성이는 언제나 단정한 신사복 차림이었다. 그의 어머니는 홀어머니였지만 부자였으며, 그는 부잣집 삼 형제의 막내아들이었다. 옷이라면 당연히 양복이 그에게는 적당했는지도 모른다.

폭우가 뜸하기를 기다리며 빗속에 보이는 멋진 건물, 마포문화원 방향을 하염없이 바라보면서 한참 동안 추억에 젖는다. 그리웠다. 할 수만 있다면 그 시절로 돌아가고 싶었다. 당시 퇴계로 아스토리아호텔에서 '문학의 밤'이 열리면 꼭 문과 계통이 아니더라도 낭만의 밤을 꿈꾸며 선남선녀들이 동서 사방에서 구름같이 모여들었다. 풋풋한 시절 만났던 얼굴들이 지금은 숱한 세월에 얼마나 닳아 있을까.

 빗줄기가 좀 순해졌다. 나는 상념에서 깨어나 걸음을 재촉했다. 오늘은 친구가 소개해 준 특별한 닥터를 만나러 가는 중요한 날이다. 나는 낫지 않은 것이다. 통증 때문에 밤마다 잠자는 게 고역이었다. 주먹으로 두들겨 보고, 파스를 붙이고, 꾸준히 맨손체조로 몸을 풀어보는데, 팔다리 저림은 여전했다. 쑤시는 증세보다 저리고 아린 증세는 더 못 견딜 노릇이었다. 몇 달에 걸쳐서 시행한 치료는 지금 어떤 형태로 남았는가.

 장장 3시간을 기다려 새로 만난 닥터는 여러 개의 용기, 또한 여러 개의 크고 작은 주시기에 주사액을 채워 아픈 부위에 열 군데나 주사를 놓았다. 30~40분에 걸쳐 주사 놓기가 끝났다. 약은 없다고 했다. 주사 맞은 후 몸 전체가 후들거리면서 견딜 수 없이 어지러웠다. 다른 방 침상에 누웠다. 비를 흠씬 맞았기 때문에 체면 없이 잠들 수도 있어 나는 일어났다. 결제액이 예상을 웃돌았다. 비급여 항목이라 해도 이렇게 고가의 치료비는 의외였다.

나는 빗길을 나와 지하철역으로 걸어갔다. 마포문화원 쪽, 복성이네 집이 있던 야트막한 언덕길을 또다시 바라보았다. 복성이네와는 반대편에 살았던 주성이는 어떻게 되었을까. 우아하고 이지적으로 보이던 당시 그의 어머니로 봐서는 막내아들을 연애결혼 시킬 것 같지는 않았다. 내 판단이었다.

주성이는 마포에서 청량리로 계속해서 오갈 수는 없지 않은가. 너무 멀었고, 이쪽저쪽에 서로를 훼방 놓는 세력(?)도 간과할 수는 없었던 것이겠다. 여하튼 그 옛날의 마포 종점! 나에게는 여전히 설레는 장소였다.

밤 깊은 마포 종점 갈 곳 없는 밤 전차
비에 젖어 너도 섰고 갈 곳 없는 나도 섰다
강 건너 영등포에 불빛만 아련한데
돌아오지 않는 사람 기다린들 무엇 하나
첫사랑 떠나간 종점 마포는 서글퍼라

저 멀리 당인리에 발전소도 잠든 밤
하나둘씩 불을 끄고 깊어가는 마포 종점
여의도 비행장에 불빛만 쓸쓸한데

    돌아오지 않는 사람 생각하면 무엇 하나

    궂은비 내리는 종점 마포는 서글퍼라

  종점이 매양 그러하듯 밤이면 다른 곳보다 더 으슥하고 쓸쓸한 느낌을 주던 곳, 버스도, 전차도 종점이던 마포 종점. 나는 문득 내 풋살구 연정을 노래한 듯한 은방울 자매의 〈마포 종점〉을 허밍했다.

제4부

때로는 저녁노을을

 '얼굴에 땀구멍을 파고 벌레가 기어들어 가 둥지를 틀고 알 까고'의 레이저 수술 결과는 다음과 같다. 물고기 배를 가를 때 나오는 가늘고 긴 창자 같은 것, 노란 고름주머니는 끈적거리는지 차마 만져볼 수가 없었다. 징그러운 느낌을 주는 이물질이 오른쪽 볼에서 끌려 나왔다. 그 이후 땀의 습기가 스며들거나, 소독하고 병원에서 가져온 노르스름하고 살색 비슷한 테이프를 붙일 때, 얼굴이 찡그려지게 쓰라린 것 빼고는 오른쪽 얼굴의 비극(?)은 근근 종결돼 가는 과정으로 보였다.

 수술하고 나서 기분상으로는 많이 후련했지만 찜통 날씨에 순간순간 땀이 흐를 때면 여전히 아프고 쓰린 것이, 범인(벌레)이 나타나기만 하면 단번에 박살 내고 싶은 심정이 되곤 했다. 피부과는 며칠 후 다시 예약이 되어 있다. 내과는 어제 가기로 했는데 얼굴 상처가 덧날까 무서워 제대로 세면을 못 하니 외출 의욕이 나지 않았다.

"괜찮아요, 원장님도 마스크를 쓰고 진료를 보시고 환자도 마스크를 쓰고 주사를 맞는데 그 잠깐을 왜 못 참아요? 얼른 병원에 다녀오세요"

잘 본다는 병원을 소개해 준 동학이었다. 나는 할 수 없이 외출 준비를 서둘렀다. 얼굴 피부는 레이저 수술로 일단락 지은 셈이니 오늘은 교통사고 후유증 치료였다.

"제발 자기 자신에게 투자 좀 하세요. 맨날 글 쓴다고 엎드려만 있지 말고 몸에서 신호가 오거들랑 얼른 응답하라고요. 세상에나, 얼굴에 벌레가 기생하도록, 그동안 잘도 참으셨구려!"

동학의 독려와 야유에 떠밀리다시피 대곡역으로 가서 경의선을 갈아탔다. 종로3가역으로 돌아가기보다 시간이 절약되었다. 병원에 도착한 시간은 오후 4시 10분 전이다.

"이렇게 늦게 오시면 어떻게 해요"

간호사가 퉁명을 떨었다. 내 뒤로도 대여섯 사람들이 줄을 이어 병원으로 들어온다. 간호사가 나에게 다가와 어디서 왔느냐고 물었다. 진료신청서에 모든 정보를 기록했는데 묻는 게 생뚱하다. 나는 순순히 내 주소를 말해주고 의자에 앉았다.

병원에 오기 싫다. 오래 다녀 꾀가 난다. 피부과든 내과든 정형외과든 신경외과든 한방이든 다 싫다. 나는 대기실 의자에 앉아 계속 나 자신에게 화를 내고 있었다. TV에서는 대선 출마 후보자들의 인터뷰, 대담, 지방 순례 등이 방영되고 있다. 나는 일어섰다 앉았다를 반복하면서 불편한 심사를 주체하지 못한다.

2시간여 지나자 비로소 내 이름을 불렀다. 오늘은 지난번에 비해 주사가 몇 개 줄었고, 진료 시간도 훨씬 빠른듯하다. 주사 놓을 때 뼈 사이를 주사기가 뚫고 들어가듯 어지간히 아팠다. 나는 입을 꾹 다물고 잘 견뎌냈다. 진료실 밖으로 나오는데 무척 어지러웠다. 병원 진료는 언제쯤 끝이 나는가. 불시에 교통사고까지 당한 나 자신이 참 못나 보였다.

"아픈 곳이 너무나 많습니다"

원장님은 다음 주에 다시 오라고 했다. 마음이 먼저 아파졌는가. 몸이 병들어 마음조차 무너졌는가. 어찌 됐든 병원 나들이는 진저리가 난다.

"치료하는 김에 뿌리를 뽑아요. 제발 좀 편하게 살아요"

동학은 내가 답답하다고 했다. 중국 여행 가서 엘리베이터 타고 하늘을 찌르는 기암괴석 틈새를 오를 때처럼, 자기 자신에게 신명과 열정을 부여해 보라고 한다. 우리 일행은 그해 늦가을 휘황하게 단풍 들어가는 장가계(張家界)를 오르내리며 탄성, 괴성을 기세 좋게 뿜어 올렸던가. 나도 그 가운데 있었다는 거지?

"이제 자신만을 위해 살고 자기 자신을 사랑하세요. 때로는 저녁노을을 바라보라고요"

"저녁노을? 우리 집 창 너머로 매일 본다. 왜?"

"자기 자신을 사랑하지 않는 것처럼 어리석은 것은 없다고요"

그녀가 나를 교훈하려고 하는가. 병중에 오래 시달려 내가 꼬여 있는가. 나는 그녀의 말에 반박하고 싶었다. 내 마음은 편치 않았다. 벽이라도 팍! 소리 나게 치고 싶도록 나 자신에게 울화가 치밀었다.

내 인생에 '나'가 증발된 것은 어느 때였는가. 내가 내 안에 온전히 거하기는 했는가. 알맹이는 어디 가고 외피만 허공에 떠 있는 것 같았으니. 이제부터라도 때로는 저녁노을을 바라보기로 하자. 변화가 필요한 시점, 나는 나 자신에게 주술을 걸었다.

이런 줄도 모르고

　신체 어느 부위에 고장이 생겨 있는지 제대로 모르고, 노상 등 허리야 목이야 어깨야 하고 노래를 불렀다. 그 부분에만 신경 썼지 다른 데는 온전한 줄 알았다. 왜냐하면 ○○년 전에 소문 듣고 최초로 간 돌팔이(?)에게 무참히 뽑힌 오른쪽 윗니가 장마철에 옆의 이까지 산사태 나듯 점점 무너졌다. 오랜만에 친구 소개로 간 치과에서 2년여에 걸쳐서 임플란트를 해 넣어 바로잡을 수 있었다. 드디어 오른쪽 치아로 오랜만에 음식물을 먹게 된 사연이다.

　그 후 그 치아 반대쪽 치아가 아파 있다는 것을 뒤늦게 체감했다. 다른 약속을 물리고 치과로 갔다. 오른쪽 치아가 장구한 세월

제 임무를 다하지 못해 왼쪽 치아가 무리했던 것이다. 사진을 찍었다. 의사가 거울을 나에게 들려주고 실상을 보라고 했다. 벌겋게 열이 올라 있는 잇몸이 부어 있었다. 참으로 예상하지 못한 변고였다. 아프기 시작한 것, 내가 그 아픔을 인지한 것은 불과 사흘 전이었으니까. 무던한 게 아니라 무지하고 우매한 처사였다.

지난여름 임플란트를 처음 시작할 때 잇몸 수술을 먼저 했다. 아이 출산하기보다 더 까다롭고 고약했다. 입만 열어놓고 푸른 보자기로 가렸지만 그 기기 묘묘한 통증의 강도는 설명할 방법이 없다. 또 작년의 그 지경에 이르는 것은 아닌가 우려하면서 치과를 방문했다. 치료는 30분 정도 걸렸다. 그 30분이 나에게는 3시간이나 되는 것처럼, 볼 근육에 경련이 일어나도록 지루했다.

약을 사고 집으로 돌아오자마자 자리에 엎어졌다. 이렇게까지 고통받으면서도 생을 이어가야 하는 것인가 회의가 들끓었다. 약 기운에 이내 잠에 빠져든다. 기도를 하기 위해 24시에 깨어나기는 했다. 《지장보살본원경》 글씨가 안 보일 만큼 통증이 자심했다.
 자다가도 서너 번 잠이 깰 만큼. 통증이 보통 수준을 넘은 것이다. 항생제도 소염진통제도 제 역할을 못 하는 것 같았다. 어떻게 하지? 이럴 때는 어떻게 해야 해? 나는 왼쪽 볼을 손바닥으로 감싸 쥐고 거실을 오락가락한다. 날이 새기를 기다린다. 치과를 다시 가려고 해도 멀고 기운을 차릴 수가 없다.

"이 약을 사흘 복용하고 더 이상 아프지 않으면 그때부터 본격적으로 잇몸 치료를 시작합니다. 그때 오세요"

신장과 방광이 항생제에 예민해서 여간해서는 잘 먹지 않는데 이번에는 워낙 무섭게 아프니까 사흘 동안 계속 복용했다. 하지만 왼쪽 볼은 마치 수밀도 복숭아를 덧붙인 것처럼 불룩하게 부어 있고 통증은 여전하다.

몸이 낡아지니 구석구석에서 복병처럼 세균이 설치는 것인가. 어쩌다 잇몸병까지. 나 이런 줄도 모르고, 집콕, 방콕을 벗어나 갈바람 불면 멀리 떠날 생각을 하지 않았던가. 나 참 이런 줄도 모르고.

함박눈

오후에 눈이 내린다는 기상 예보였다. 하늘이 잔뜩 흐려 있어 어쩌면 오늘의 예보는 희한하게 잘 맞을 것 같다는 예감이 들었다. 부지런히 외출 준비를 서둘렀다. 노도 섬에 머물 때부터 머리가 깊은 산골짜기 덤불처럼 푸시시 길어져 일단 정리할 필요가 있었다.

머리만 푸시시한 게 아니다. 섬살이 100여 일 동안 얼굴과 노출된 팔다리 손등에 각종 벌레가 물어뜯은 흔적이 처참(?)한 지경이었다. 피부과 진료도 급하다.

처음 물릴 때는 그저 빨갛게 부풀었다가 며칠 지나면 그 빨간

점이 검은 점으로 변색된다. 얼굴, 목, 팔다리뿐 아니다. 온몸이 흉터 나라가 되었다. 얼마나 지독한 놈들이었는지 여태도 피가 나게 가렵다. 그 흉터는 쉬이 없어질 것 같지 않다. 나는 오늘 미용실에 간 김에 거기 대형 거울에 내 현재의 실상을 객관적으로 냉정하게 파악하고자 했다.

9시가 막 지난 시간이었다. 머리를 감고 나와 창밖을 보니 함박눈이 기세 좋게 퍼붓고 있었다. 오! 놀라워라! 눈 내리는 풍경이 아름답기는 둘째였다. 오후 늦게나 내릴 줄 알았는데 실망스러웠다.

외출은 다 틀렸다. 이 폭설을 뚫고 내가 살던 동네 서울특별시 소재 미용실을 어떻게 가겠는가? 예약까지 해놓은 터에 내 편에서 눈을 이유로 약속을 어기게 되었다. 연희동 후배도 만날 겸 얼마나 별렀던가. 나는 속이 폭폭 상했다. 아파트 단지는 얼음판, 미끄럼판으로 변했고 경비아저씨들이 염화칼슘을 살포하고 있었다.

지난밤 그렇게나 온몸 부위가 아리고 저리더니 기어코 함박눈이 퍼부었다. 눈 오는 날 기쁘게 만나자는 벗들의 전화가 무색해진다. 코로나19 이후 만 2년 동안 제대로 한번 동업자(?)끼리 모여본 적이 없다. 오랜만에 서울특별시에 나가면 우선 미용실로 먼저 갈 셈이었는데 매우 아쉬웠다.

하는 수 없다. 나는 책을 읽기로 했다. 아무것도 붙잡지 않고 있으면 마음 갈래가 흩어져 하루를 몽땅 낭비할 듯했다. 책을 읽는 중에라도 눈이 그쳐주면 다시 행동을 개시하기로 하고 책상에 엎드렸다. 책장을 한 장 한 장 넘길 때마다 내 몸의 소리가 처절하게 들려왔다.

"아프다. 왜 섬에 있을 때보다 더 아프냐"

"긴장이 풀어지니 더 아픈 거지"

자문자답하면서 책에 머리를 박고 눈이 부시도록 활자를 훑어나간다. 중국 역사, 인물, 지명이 펼쳐진다. 나는 엊그제 읽기 시작한 소설 한 권을 끝까지 다 읽었다. 도중 막히는 데가 있고 어려운 내용이었다. 오늘의 이 책은 상당히 박식한 분의 서포 선생 관련 작품이었다.

눈 내려 꼼짝 못 할 때, 책을 읽으며 나의 인내심을 시험하는 것이다. 어차피 책을 읽는 것, 이것도 내가 안고 가야 할 필수 과제가 아닌가.

눈은 여전히 내려 쌓였다. 눈발 속에 어둠이 밀려왔다. 결국은 나의 ○○년이 이런 방식으로 출발 되는 것인가. 비켜서 갈 수도 피할 수도 없는, 피안으로 향하는 나의 길이 아닐까 싶었다.

　함박눈이 종일 쏟아지는 날, 책을 읽으며 쉬운 길 비켜두고 어려운 길만 헤쳐온 나의 빛나는 내공(內功)의 자취를 묵묵히 돌아본다.

눈 내려 상서로운 날

삼한사온의 규칙도 아랑곳없이 영하 10~18도를 오르내리는 혹한이 계속되었다. 기상청은 26년 만의 추위라고 예보했다. 근래에 보기 드문 맹추위였다. 날씨가 푸근하다고 집 밖에 나가보았을까. 코로나19가 발을 묶은 지 꽤 오래였다. 발? 아니 마음조차 꽁꽁 얼어 더없이 삭막하다.

눈이 내린다. 온갖 번뇌 망상을 잠재우라는 우주의 메시지처럼 겨울철의 눈발은 인간보다 자유자재하다. 우아하게 온 누리를 뒤덮는다. 아파트 단지에 눈꽃이 찬란하다. 눈꽃은 멋지다. 또 한편 빙판이 되면 어쩌나 하는 걱정이 위축된 심사를 더욱 조여왔다. 빙판에 대한 공포는 나에게 유별하다.

눈 내린 후 어느 정도 시간이 지나자 햇볕이 반짝반짝 빛났다. 설경을 누린 것은 잠시였다. 서울보다 기온이 3도가량 더 내려가는 우리 동네에 햇볕이 공평하게 퍼지면서 눈경치는 신속하게 사라져 갔다. 나는 비로소 경찰서에 갈 용기가 생겼다.

우리 단체 홈피의 그 많은 수백의 명단 중에서 해킹당한 건 나였다. 신고하고 증언을 할 사람이 직접 당한 나 말고 누가 있는가. 나는 지금 사기 메일로 인해서 시달리고 있다 할까. 뜻밖의 고통을 당하고 있다. 글을 아는 사람들은 재정 지원을 해달라는 엉터리 번역 같은 그 어투, 어색한 문장 내용으로 보아 그 메일을 내가 보낸 것인지, 아닌지를 금방 알 수 있을 터였다. 장난으로라도 내가 엉터리 문장을 쓰겠는가? 어이가 없다.

나는 살이 떨려 잠이 오지 않았다. 밥도 먹을 수가 없었다. 죽이든 사과든 먹으면 갑자기 소화불량이 되었다. 살포시 든 선잠에도 흉몽이 나를 괴롭혔다. 나에게 물어보아 진의를 알려고도 하지 않고 멋대로 해석하는 사람들이 있기 때문이었다.

컴퓨터로 인한 곤란은 작년 5월 랜섬웨어 악성 바이러스 감염 이후 두 번째다. 그때 나는 컴퓨터가 완전 백색 공간으로 변해 까무러칠 뻔했다. G 목사님 관련 글 수십 편과 틈틈이 써놓은 소설 원고가 몽땅 증발한 것이다. 그 충격이 아직도 생생한데 이번에는 메일 해킹이었다. 그림자도 목소리도 없는 사기꾼의 요구는 돈이었다.

> ○○의 어머니가 코로나19에 확진, 거기에 신부전(腎不全)으로 다른 사람의 장기이식이 필요한 위급상황이니 재정적으로 도와달라.

이런 내용이 전국, 아니 해외에까지 내 이름표를 달고 날아다녔다. 내 어머니는 하늘나라 가신 지 수십 년이다. 메일 발신자와 수신자가 내 이름으로 되어 있었다. 나에게도 두 번 왔으니 나 또한 한 사람의 피해자였다.

  시도 때도 없이 전화가 쇄도했다. 아무 일도 할 수가 없다. 전화 응대에 일상이 엉망으로 휘둘렸다. 나는 변명 아닌 변명을 해야 했다. 죄송하다, 미안하다고. 조금도 미안하거나 죄송한 일을 제공한 바 없다. 나중에는 아예 전화기를 꺼버렸다.

  눈 녹아 질척거리는 길을 조심히 걸었다. 국민의 안전을 지키는 민중의 지팡이, 경찰서에 신고하러 가는 것이다. 포근한 날씨였다. 겨울을 이겨낸 꽃다지, 냉이 등, 봄풀이 언 땅을 헤집고 쏙! 올라올 것처럼 천지가 화사하게 밝았다.

  경찰서에 온 것이 스스로 대견했다. 사이버 수사팀의 지시에 따라 증거물을 제출하고 진술서를 작성했다. 내가 당한 무거운 짐을 내려놓아 후련한 마음이다. 이야기할 데가 있고, 들어주는 곳이 있어 활활 불타던 분노와 참패의 심정이 안도로 변환되었다. 눈이 녹아 다행이고 찬란한 봄햇살 또한 하느님 은총이었다. 이런 화, 재앙을 다시는 당하지 않기를 기도하며 집으로 돌아왔다.

  경찰서에 간 것만으로도 수산건이 변하여 지천태가 된 것 같다. 살다 보면 별일 다 겪는다. 이래도 저래도 그만하기가 그저 감사할 뿐이다. 나는 꿋꿋하게, 오로지 정진할 수밖에. 혹 이 모든 분란이 변하여 대작이 터지는 계기가 되려는가. 눈 내려 상서로운 날, 나는 큰 꿈을 꾼다.

건강한 신체 건강한 정신

　올봄에는 비가 많이 내리는 것 같다. 꽃 필 때 심술부리듯, 비가 자주 내린 것을 기억한다. 여름 절기로 들어가느라고 또다시 비를 내리는가. 비가 종일 내리므로 빗소리의 낭만이고 운치고 바랄 수가 없다. 짜증이 난다. 기실 오늘은 중요한 외출을 염두에 두고 있었다. 최소한 움직일 수 있다면 더 연기해서 하등 이로울 일이 없는 급한 볼일이었다.

　한 달이 다 지나가도록 치료를 열심히 받았는데 두통 여전히 괴롭다. 뒤에서 화물차가 곤두박질로 달려와 우리 차를 박았는데 그 후부터 뒷목이 뻑뻑하다. 쳐들지도 수그리지도 못한다. 여태

나를 압박한다. 뭐를 해도 집중이 안 된다. 그나마 책을 읽을 수 있다고 좋아했더니 웬걸, 내 몸에 연결된 모든 기관 부위들이 나에게 명령했다.

"제발 멈춰! 쉬어줘!"

목이, 허리가, 눈이 불평하지 않더라도 나는 책을 계속 읽을 만큼 심신이 편치가 않다. 읽기를 시작했으면 마저 읽어야지, 그럴 수가 있느냐고 내 안에 존재하는 다른 또 하나의 나가 항의한다.
증상이 호전되려면 의사와 환자 사이의 소통, 공감대가 형성되어야 하는데 독선적 일방통행이다. 환자의 말을 듣지 않으니 몸 아픈 것보다 마음 상처받는 게 더 심각하다. 실험용 쥐가 된 기분이고, 병의원의 프로그램을 맹목으로 추종하는 형태가 된 것 같다. 병원에 가기 싫어서, 환자 하기 싫어서 내일이라는 새로운 날이 밝아오는 게 혐오스러울 정도다. 사람들은 말한다.

"그만하기를 천만다행이에요"

나 자신도 그 말에 동의는 한다. 세상에는 더 아프고 더 불행한 사람도 있는데, 왜 이처럼 마음이 조급하고 불안할까. 내가 나를 추스르려고 노력한다. 아침부터 나는 마음의 정처를 잃고 방황했다. 책 페이지를 넘기다가 그냥 덮고 만다. 멀쩡하게 하루해를 그냥 흘려보내다니 한심하다.

불현듯 그 옛날 여고 시절이 떠오른다. 아침 조회 때 교장 선생님의 엄숙한 훈시 말씀이 끝난 다음, 3학년 학생회장이 단위로 올라간다. 그달 그 날짜에 해당하는 문장을 학생회장이 선창하면 전교생이 박자를 맞춰 합동으로 따라 읽었다. 그 소리는 운동장 멀리까지 흘러넘친다. 십 대 소녀들의 명랑 발랄한 음색이 다채로웠다.

"건강한 정신은 건강한 신체에 깃든다"

유독 학생수첩의 여러 문장 가운데서 이 대목이 떠오르는 것은 운동장에 빽빽이 도열해 있던 ○○○명 전교생 중에서 한 학생이 쓰러진 일도 실제로 일어났기 때문이다. 왜 이 문장이 새삼스럽게 내 영혼에 메아리치는가.

적국에 나포된 듯

 마음이 시끄럽다. 아무 일도 못 한다. 현재의 나에게 아무 일이란 글 쓰고 책 읽는 일이다. 무엇이 됐든 읽고 쓰고 있지 못하면 그건 내 인생의 종말을 의미한다고 볼 수 있다.
 불의의 사고로 환자가 된 것은 이유 불문하고 불행한 사건이다. 처음 받아보는 추나 치료가 대체 나에게 어떤 유익인가. 목에서 우두둑! 소리가 나는 게 심상치 않다. 치료 횟수가 늘어갈수록 더 아프다.

 병원에 안 가고 살아도 몇 년 동안 전혀 문제가 없었다. 미국 독감을 서너 달 앓으며 기침을 몹시 험악하게 하면서도, 나는 아끼고 사랑하던 며느리 죽음 이후 병원을 기피했다.

 길을 가다가 구급차 사이렌 소리만 들려도 가슴이 벌렁거리고 소름이 돋았다. 소름 돋는 구급차 사이렌 소리를 5시간여 인내하며 몇 차례나 대구에서 일산 암센터까지 오간 며느리, 결국은 병원에서 여기저기 살을 베고 가르는 중, 피를 한강처럼 쏟고 처참하게 생을 마감한 애들 엄마를 생각하면 병원은 절대 갈 수 없다고 결심을 한 터였다.

 새삼스럽게 병원을 다니며 내가 왜 숱한 고생을 자행하고 있는지 의문이 들 때가 많다. 귀신 도깨비가 설치는 적국에 나포(拿捕)된 듯, 오랏줄에 칭칭 영혼육이 묶인 듯, 꼼짝달싹을 못 하는 형국이다. 내 의지에 상관없이 오라면 가고 약주면 먹고, 약 먹어 혼곤하면 죽은 듯이 잠에 빠져 일어나지도 못하고 절절맨다. 하루아침에 중환자가 되어버린 이 느낌, 거짓말이 아니다.

 독한 약이 내 기력을 위축시키는 것인가. 본래 교통사고라는 게 오래도록 아픈 게 정상인가. 목을 움직일 때마다 목에서 우두둑! 소리가 난다. 나는 그 소리가 무엇을 의미하는지 판별할 수가 없다. 다만 목이 몹시 아파 두려워하고 있다는 것밖에는. 평소에 멀쩡하던 심신이 지금 막대한 장애를 받고 있다.

오늘도 병원에 다녀와서 잠에 빠졌다. 깨어나면 어느덧 밤이 되곤 한다. 기가 막혀서 팔팔 뛸 지경이다. 1시간 60분을 열두 갈래로 쪼개 써도 모자란 시기에, 금쪽같은 내 시간을 이런 식으로 뭉개고 있다. 마음이 어찌 조용하기를 바라겠는가. 할 일은 밀려 있는데 기(氣)가 너덜너덜, 산산이 흩어져 버렸다. 이 현실이 한심하다.

사물의 본질을 꿰뚫는 안목, 관점이랄까, 아들은 정곡을 콕 찔렀다.

"어머니 건강이 소강상태를 누리는 동안 가고 싶은 곳 다 가시고 쓰고 싶은 거 다 쓰시라"

격려인지 채근인지 내 현재 상황을 일신시킨다. 나 자신이 나를 잘 알고 있다고 자처한다. 하지만 온갖 세상사 중, 내가 모르고 있는 것이 왜 없겠는가. 지구에 오래 남아 별별 꼴 더 보고 싶지도 않다. 다른 어떤 미련도 없다. 그저 내가 계획한 몇 건의 일을 진행하고 마무리 짓는 것, 그것은 내가 수행해야 할, 지구별에서의 나의 마지막 수행 과제라고 믿고 있다. 아들은 그 과제를 지적하는 것인가. 고맙기도 하고 서글프기도 하다.

하루걸러 비 내리던 날씨가 오늘은 복 있는 신부가 시집가는 날처럼, 6월 중순치고는 덥지도 춥지도 않고 화창하다. 부지런히 병원 갈 준비를 서두른다. 3호선 종점에서 내려 버스로 환승해야 할 지점에 이르렀을 때, 무시로 먹구름 같은 화산재를 퍼 올리는 남미의 화산처럼 반항심리가 폭발한다.

"병원에 가지 말자! 더 이상 환자는 싫다!"

새빨간 장미꽃이 어우러진 종로 경찰서 담장을 등지고 홀로 피켓을 들고 종일 서 있는 청년처럼, 나는 환자 됨을 거부하고 반기를 들고 싶다.

"환자는 가라! 환자는 싫다!"

나는 하루에도 열두 번 소리 내어 부르짖는다. 들어주는 사람은 아무도 없다. 기대할 것은 밤에 잠을 잘 자기 위해서 다시 또 약을 먹을 수밖에 없다는 현실이다. 적국에 나포된 바보 멍청이가 된 것 같다. 이 세월이 언제까지인가. 환자인 게 분하고 억울하다.

기적의 날

 교통사고 이후 수도 없이 병원을 오가는 사이 천지에 봄꽃이 흐드러졌다. 목련이 피어나자, 벚꽃이, 라일락이, 이제는 철쭉꽃에 이어, 소담 우아한 작약까지. 정형외과 가는 길엔 양반꽃이라는 가로수 회화나무꽃도 급속도로 활짝 피어났다.

 아르튀르 랭보의 〈들길을 거닐며〉 시처럼 바야흐로 눈부신 푸른 오월이다. 전에는 6월 초쯤 되어야 푸르러지기 시작하던 나무들이 올해는 너무나 빨리 신록의 시기를 뛰어넘어 짙푸른 한여름 녹음을 이루고 있다. 장미꽃도 장미 순이 기어오르도록 미리 설정해 놓은 철삿줄을 마다하고 거침없이 허공으로 치달리고 있지 아니한가.

봄이 화려하게 펼쳐지는데 내 마음은 사면팔방으로 방황을 거듭했다. 붙잡으려 해도 잡히지 않고 정처 없이 떠돌았다. 날이면 날마다 전국 각처에서 보내오는 책들이 집안 곳곳에 수북하게 쌓이고, 이 책상 저 책상에는 정리할 문건(文件)들이 많은데 처리는 고사하고 멀리 달아난 마음 잡지 못해 그저 수수방관이다.

다시 환자로 돌아온 자책감에 눌려 아무것도 손에 잡히지 않았다. 아픈 생각이 내 일상을 잠식했다. 전혀 뜻밖이었다. 그 와중에 장장 531쪽에 이르는 책이 내 요동치는 마음을 붙들어 주다니. 늘 하던 대로 책 표지 열고 한번 들여다본 것뿐인데, 곧바로 그 책은 나를 강력하게 이끌었다. 목 보호대를 두르고 앉아 집중해서 읽다 보니, 창밖은 어느덧 검은 장막이다.

얼마나 고마우냐. 얼마나 다행이냐. 심신의 아픔과 소외감을 단번에 날릴 수 있는 기발한 대책, 이는 필시 기적이었다. 독서는 나를 절망에서 일으켜 세우는 최상의 묘법이 되었다.

환자라고 생각할 때 그 생각 자체가 얼마나 무서웠던가. 그것은 내 일상과 기를 흩트리는 파괴의 무기였다. 나는 감히 그 절망의 늪에서 헤어나지 못했지 않은가. 나는 이제 책을 읽는 행복한 환자가 되었다. 그 책을 보내준 작가에게 감사한 마음을 전한다.

어쩌면 수다한 책 중에서 그 책 하나가 내 요동치는 마음을 잠재웠는지, 그 이유를 아직 정확히 알 수는 없다. 심란 중에 읽어지는 책을 만난 것이 무한 기뻤다.

"잘했어! 문원 선생!"

내가 나를 힘껏 응원해 주었다. 참으로 오랜만에 내가 나에게 칭찬의 박수를 쳐주고 싶은 날, 오늘은 기적의 날이다.

고향이 그리워도

고향이 어디 따로 있느냐고 반문하는 사람들이 제법 있다. 어디에 살든 오래 정 들여 살면 다 고향이라는 것이다. 이 말이 반드시 들어맞는지는 모르지만 "하룻밤에도 만리성을 쌓는다"라는 말도 있다. 우리 어머니는 속담이랄까, 무슨 일이 되었든 비유를 아주 잘하셨다. 어릴 때 보면 내 어머니는 글도 잘 쓰시고, 아는 것이 많고 언변이 좋았다고 기억한다. "찔레꽃 붉게 피는 남쪽 나라 내 고향" 〈찔레꽃〉 이 노래도 풀 먹인 빨래를 두 발로 질근질근 밟으면서 신명 나게 잘 부르셨다.

소녀 시절 우리 동네는 달밤에 집집에서 노랫소리가 울려 퍼졌다. 여름밤 달이 밝아 화단에 각종 화초들이 숨죽이고 달빛을 우러르는 시간이었다. 여지없이 앞집 옆집 뒷집에서 흥겨운 노래가 흘러나오곤 했다.

앞집 영일이네 아버지는 골목에서 만나 인사를 하면서 잠시 잠깐 그분의 나이를 어림잡아 보았다. 사십 초반쯤 되었을까, 말았을까. 우리 집 장독대로 감나무 가지가 넘어오는 감나무 집은, 이따금 여러 사람들이 어울려 부르는 노래 말고는 독창을 들어본 일이 별로 없는 것 같고, 하모니카 소리는 자주 들었던 것 같다. 대부분 '대니 보이' 수준이었다.

요는 달밤에 들려오는 노래가 매우 흥미롭다는 것이다. 누가 부르는가에 따라서 평가도 흥취도 달라질 수가 있다. 앞집 영일이네 아버지는 오직 "고향이 그리워도 못 가는 신세"를 열창, 〈꿈에 본 내 고향〉이 한 곡으로 고정되어 있었다. 혹 북에서 피난 온 사람인가 싶지만 사실을 물어보기까지 할 건 아니었다.

우리 집 담장 옆집은 그 댁 가장이 아니라, 여자 대학생이 피아노를 치면서 주로 가곡을 부르곤 했다. 판자 울타리로 그 집과 우리 집 화단이 얼핏 보이기도 하지만 온갖 화초들이 어우러져서 사람의 자취는 찾기 어려웠다. 다만 노래를 누가 부르고 있는지를 짐작할 뿐이었다.

나는 대부분 학교에서 음악 시간에 배운 노래를 부르곤 했는데, 영일이네 아버지의 "고향이 그리워도"가 끝나야만 내가 나설 수가 있었다. 영일이네 아버지는 일 절에서 노래를 마치는 일이란 거의 없기 때문이다. 박자도 한없이 느린 데다가 이 절까지 부를 때면 다른 집에서 노래 부를 차례를 기다리기가 여간 어렵지 않았다. 특히 바로 앞뒷집 사이인 우리 집에서는 영일이네 아버지의 "고향이 그리워도"를 애청하는 것이 훨씬 무난하게 여름 달밤을 즐기는 방법이었다.

"앞집 아저씨는 왜 허구한 날 〈꿈에 본 내 고향〉이냐?"

하루는 서울에서 모처럼 집에 다니러 온 언니가 앞집 아저씨의 노래에 대해서 질문했다. 나는 불만이 좀 있어도 입 밖으로 말해 본 적도, 골목에서 그 아저씨를 만나도 그저 영일이네 아버지는 어딘가 두고 온 고향이 있고, 얼른 돌아갈 수 없는 서러운 사연이 있나 보다 하고 문학적으로만 생각했다. 그런데 언니는 달랐다. 언니 또한 서울에서 "고향이 그리워도"를 체험한 것인가.

나는 노도 섬에 머물며 새삼 영일이네 아버지의 지정곡, 〈꿈에 본 내 고향〉을 허밍한다.

고향이 그리워도 못 가는 신세
저 하늘 저 산 아래 아득한 천 리
언제나 그리워라 타향에서 우는 몸
꿈에 본 내 고향이 마냥 그리워

나 역시 고향이 그립다고 말하려는 것인가. 현재 시점에서 나는 다만 집이 그립다. 눈뜨면 앵강만 푸른 바다요, 바다 위에 갈매기다. 바다를 에워싼 나지막하고 정다운 산봉우리에는 각가지 형상의 구름이 가득 펼쳐져 있다. 집 뒤를 돌아보면 동백나무 숲이 빽빽하다.

날씨가 춥고 바람 부는 날 배가 안 뜨면 마음이 불안하다. 배가 떠도 마음대로 나갈 수 없는 이곳, 부득이 생필품 조달하러 나갈 때는 많은 시간을 소모해야 한다. 시급한 경우가 아니면 참고 지내기 100여 일이다. 이제 집 생각이 날 만도 하지 않는가.

서포 선생 한 분 보고 자청해서 들어온 노도 섬이다. 현재 원고, A4 ○○매 분량을 새로 썼다. 일일이 고증하고 확인하느라 100여 일의 기간에 결과물이 많다고 할 수는 없다. 숙종 대의 사색당쟁만큼이나 뒤숭숭한 작업 과정이었다. 읍내 나갔다가 돌아와 배에서 내려 3~4m에 이르는 암벽을 기어오르다가 고꾸라졌다. 팔다리까지 다쳐 끙끙 앓고 있다. 나에게 그것은 뒤숭숭 이상이다.

뒤숭숭한 때에 맞춰 나는 영일이네 아버지의 느려터진 "고향이 그리워도" 가락이 불현듯 생각났다. 당연한 귀결이 아니겠는가. 무심천에서 교복 빨고 머리 감으러 친구 연수하고 함께 갈 때, 약속이나 한 것처럼 우리 앞에 등장하던 영일이는 지금 어디서 어떻게 살고 있을까. 〈꿈에 본 내 고향〉 한 곡에 능통한 영일이 아버지는 돌아가셨을까. 끝없는 사념 속에 잠겨 있을 때 후배가 전화했다. 새집으로 이사 간 소식을 전하면서 내 안부를 물었다.

"언니! 그동안 고생 많이 하셨지? 언니나 나는 기운 부쳐서 시골에 못 살아. 이번에 언니가 시골 생활을 제대로 체험하셨겠죠? 언니 서울 오면 기복이랑 다 같이 우리 만나자! 언제 올라오시는지 오시면 바로 전화해!"

후배의 전화에 공연히 가슴이 뭉클, 집 생각이 더욱 간절하다.
나는 전체 ○○매 교정을 완료하고 서포 문학관에 올라가서 출력하려고 했다. 이제 더는 내 신체, 내 뇌리가 작동을 안 하려고 한다. 출력은 다음 날로 미룬다. 나는 이보다 더 재미있는 일이 있다고 해도 책상 앞을 쉬이 떠나지 못한다. 이곳에 머무는 동안은 그렇게 지낼 것 같다.

나는 원고 작업 틈틈이 배 타고 정형외과 오가며 치료받고 독한 약을 연속 먹었다. 전신이 배배 꼬이고 경련이 일어나 입술이 부르틀 만큼 고생이 심했다. 내가 이렇게 몹시 아픈 줄 아무도 모른다. 몰라야 한다. 나를 구조하러 이 섬에 헬기가 뜨면 곤란하니까.

마침내 노도 섬에 새해가 밝았다. 새해 새 마음으로 무장하고 끝까지 매진, 유종의 미를 거두자! 장하다. 문원 선생! 용케 잘 견뎌냈다. 내가 나를 격려한다.

제5부

집에 돌아왔다

영하 10도의 겨울 추위가 실감 나는 날이다. 나는 여름 끝 무렵에 떠나 해가 바뀐 한겨울에 무사히 귀가했다. 내가 내복을 좀 보내주라, 코트 그것도 좀 보내주라 해도 어디 있는지 모른다던 내 코트는 베란다 옷걸이에 있었다. 조금만 주의 깊게 살펴보면 금방 나타나는데, 겨우내 내복을 입지 않는 젊은 딸은 바쁘고 무심했다.

남쪽이라 여기처럼 자주 기온이 영하 10도 내외로 떨어지는 것은 아니어도 바닷바람 그것은 참아내기 어려웠다. 밖에 안 나가면 그만이지만 어찌 24시간 집안에만 갇혀 지낼 수가 있단 말인가.

잠결에 딸의 출근 인사를 들었다. 그 애 얼굴을 볼 겨를이 없이 잠에 빠져 있었다. 밖이 캄캄하고 실내도 많이 썰렁했다. 나는 다시 잠이 들었던가. 깨어나니 여기가 섬이 아니고 우리 집이었다. 벽에는 나의 여름옷이 집 떠나기 전 그대로 걸려 있었다.

노도 섬을 작별하고 드디어 집으로 귀환한 것을 실감한다. 창밖을 바라보니 눈이 내려 하얀 세상이었다. 빙판을 조성하기에 좋을 만큼 3cm 정도의 얄팍한 눈길, 한랭한 공기는 눈이 내려 더한 것 같았다.

집에 돌아오자 긴장이 풀려서인가. 온몸이 자글자글 아팠다. 특히 넘어지면서 구부러진 무릎 아래 발등까지, 왼팔과 어깨 부위를 비롯해서 몸의 기관 부위들이 제각기 아프다고 아우성을 쳤다.

노도 섬에서 한 글자 한 글자, 한 문장 한 문장 엮어갈 때, 나는 완전무결하게 무엇에 미쳐 있었던가. 그다지 아픈 줄 모르고 지나간 셈이다. 밤에 자리에 누우면 비로소 내가 아파 있었다는 사실을 인지했지 않았는가.

집에 오니 아프다. 아픈 중에 마치 허기진 사람처럼 나는 닥치는 대로 마구 먹었다. 사과, 배, 초콜릿, 베이컨과 쥐포, 닭튀김, 젤리와 사탕을, 속이 헛헛했다. 아! 이건 감기의 전조 증상이다.

나는 콩나물국을 끓였다. 나는 콩나물국을 별로 좋아하지 않는다. 국산 콩이라고 봉지에 써 있지만 우리 땅에서 자라기만 했을 뿐, 씨앗 자체는 유전자 변형 외래일 가능성이 높다. 그래도 어쩌겠는가.

아픈 것, 시장한 것, 그것들을 다 잊어버릴 수 있는 일을 하자! 나는 노도 섬에서 내가 보낸 택배를 풀기로 했다. 우두커니 앉아서 아파, 허기져, 하는 내 모습이 못마땅하다. 냉장고에는 내 입맛과는 무관한 식재료가 듬뿍 들어 있다. 실속하고는 거리가 멀고 과장된 홍보가 지나쳐 식상한 것들이 대부분이다.

나는 과연 무엇을 먹어야 좋을까 궁리하기보다 어서 빨리 짐을 풀어 제자리에 정리하고 이미 주문해 놓은 새로운 자료를 기다려야 했다. 기왕 일을 시작했으면 제대로 마무리를 지어놓고 나서 먹는 일을 획책할 일이다.

나를 만나자고, 장도(壯途)를 축하한다고, 밥 사준다고 하는 사람들, 나는 그들이 부럽다. 그들의 마음 씀이 고맙다. 그들의 여유 있는 일상이 조만간 나에게도 주어지기를 바란다. 나는 일에 글에 사람에 돈에 매이고 싶지 않다. 나만의 온전한 자유를 누리고 싶다. 호젓한 사찰 뜰에 앉아서 염불 소리 들으며 기도로 소일할 날을 기대한다.

이번처럼 고생하기는 내 생애 처음 있는 일이었다. 머문 지역이 외딴섬이어서 더 그랬을까. 다소의 부작용은 발생했지만 무사히 소설 쓰고 귀가한 게 감사할 따름이다.

　눈이 내려 아파트 단지 안이 더없이 고요하다. 고요한 데에 길들여져서 새삼 쓸쓸할 것도 없다. 나는 섬 속의 고독을 잘 견뎌냈고, 그 견딤에는 무한한 가치와 보람이 있다고 여긴다. 눈이 내리면 먼저 눈을 발견한 사람이 전화하자던 D 엄마는 내가 몇 차례 전화해도 소식이 없다. 또 갑자기 내 초등 친구처럼 부고가 날아오는 건 아니겠지. 나는 걱정하며 창밖을 바라본다. 해 질 무렵 기온이 더 내려가고 남쪽에는 눈이 펑펑 날리고 있다는 전화가 온다.

　눈 내린 날 일찍 잠을 자기로 하자. 유독 노도 작가창작실의 나의 잠자리, 남해군청에서 새로 구입해 준 이불은 색깔도 예쁘고 너무나 포근했다. 작업하다가 잠시 누워도 지극히 편안했다. 난방도 잘돼 있어 다른 불만을 희석시켜 준 셈이랄까. 낯설고 물선 섬 생활을 잘 극복했다는 데에 자부심을 가져도 좋았다.
　길다면 길고 짧다면 짧은 100여 일을 소설 잘 쓰고 마침내 나는 집으로 돌아왔다. 나와 인연 있는 모든 유정, 무정들에게 깊이 감사드린다.

서설(瑞雪)

음력 섣달그믐 날 밤, 눈이 내린다. 일기예보가 모처럼 딱 맞아 떨어진 날이었다.

"아! 눈이 온다, 눈!"

나는 반가워 소리쳤다. 어떤 손님이 그처럼 반가울까. 나는 이 눈은 필시 서설이라고 믿고 싶었다. 초저녁부터 내린 눈이 잠자러 방으로 들어갈 때 보니 아파트 단지의 모든 나무들은 성스러운 흰 꽃이 피어나 있었다. 잠을 자기에는 아까운 밤이었다. 눈경치를 아쉬워하며 불을 껐다.

나에게는 돌아갈 산촌도 반갑게 맞이해 줄 부모 형제도 거의 세상을 떠났다. 나보다 훨씬 늦게 태어나고 나보다 훨씬 적게 인생을 산 동생들도 지난 몇 해에 걸쳐 약속이나 한 것처럼 세상을 하직했다. 장성한 조카 손자녀들이 제사 소임을 맡아주니 나는 단지 아들네 집으로 가서 아들을 대신하여 며느리 제사를 지내줘야 한다. 아들은 하필 설날 당직이라고 했다.

다른 날에 비해 늦게 잠에서 깼다. 눈은 새벽까지 내려 어젯밤보다 더욱 황홀하고 고아하게 하얀 세상을 창조하고 있다. 아름다운 설경은, 임인년, 검은 호랑이해를 축복하는 조물주의 설날 선물 같았다. 길은 빙판이지만 순백으로 빛나는 눈경치에 찬사를 연발하며 기분은 매우 고양되고 있었다.

어찌 이처럼 제사 음식을 잘 만들어 낼 수가 있을까. 시장 보아 오고, 매번 각종 전과 산적과 어탕 등, 간을 알맞게 맞춘 아들이 신통했다. 모든 것을 만들어 큰 채반에 일목요연하게 담아낸 솜씨에 놀라움을 금치 못한다.

《반야심경》 병풍을 펼치고 제사상을 진설했다. 그릇에 담는 것은 내가 맡았고, 딸은 제례 의식에 알맞게 제사상에 배열했다. 할아버지는 대형 초 2개를 촛대에 밝히고 향을 피웠다. 코로나19로 학교에 출석하지 못하는 동안, 일상의 질서가 얼크러진 두 녀석을 제사상 앞으로 불렀다. 녀석들이 저들 엄마의 제사상에 술을 올리는 것을 시작으로 제사 의식은 진행되었다.

나는 일일이 한 장면 한 장면 사진을 찍어 먼저 녀석들의 아빠에게, 그리고 사돈네에게 발송했다. 궁금해하실까 염려해서였다. 10여 년에 걸쳐서 며느리 제사를 지내왔기 때문에 별로 어려울 건 없었다. 다만 노도 섬에서 다친 팔이 많이 아파서 절절맸다. 그동안 정형외과 물리 치료와 한의원에서 침을 맞았으나 눈이 내려 더 아픈 것 같았다.

며느리의 영정 사진을 바라보는 순간 예외 없이 슬픔에 젖는다. 제사상에 엎드려 절을 올리는 사춘기 녀석들의 심정은 오죽하겠는가. 제사 의식을 마치고 녀석들은 세배를 했다. 나는 손자들을 위해, 하늘나라로 떠난 손자들의 엄마를 위해 기도했다. 비록 유명은 달리했지만 녀석들의 미래를 위해서 어떤 힘이든 도움이 되었으면 하는 마음이었다.

다행스럽게도 어젯밤부터 눈이 펑펑 쏟아졌고, 설날 새벽에도 서설은 지상의 모든 고단한 생명들을 위무하듯, 찬연히 빛나고 있지 않은가. 어찌 됐든 복되고 상서로운 설날이었다. 새해에는 녀석들의 새엄마가 출현하기를!

내 기도 속에는 마음 씀씀이가 넓고 후덕한 녀석들의 새엄마 그림이 그려지고 있었다. 설날의 서설 덕분일까. 설경을 바라보며 은밀한 꿈을 펼쳐본다. 설날 아침 내 마음 깊은 곳에서 희망의 싹이 조용히 움트고 있었다.

큰스님

염불보다 큰스님이었다. 나뿐 아니었다. 오로지 큰스님 손 한 번 잡아보거나, 잠시 잠깐이라도 자비로운 눈길을 갈망하고 있다. 큰스님에게서 시원한 말씀 한마디라도 들으려고 수천을 헤아리는 중생이 오지인 태백산 자락에 모여들었다.

일반 신도들은 큰스님 곁에 도저히 가까이 갈 수가 없다. 당시 당대 실세들이 대거 무리 지어 가족을 데리고 그 사찰을 찾아왔기 때문이다. 초파일에는 그들의 초대형 연등이 가장 눈에 잘 보이는 좋은 위치에서 태백산의 밤을 밝히던 것은 기억난다.

무슨 연유인지 모른다. 큰스님이 초면인데도 불구하고 나에게 반갑게 먼저 악수를 청하시고 큰스님 방으로 들어오라고 하셨다. 그러고는 사찰 권속들이 모두 모인 자리에서 나를 소개하셨다.

"장차 우리 도량을 위해 큰일을 할 보살이다"

나는 그 말씀의 의미가 무엇인지 몰랐고, 지금도 모르기는 마찬가지다. 나는 그저 내 번뇌 망상에 겨워서 자주 그 멀고 먼 태백산을 무궁화호 기차를 타고 왕래했다. 해인사에서 이적해 오신 S대 출신 비구니 스님도 나에게 각별하셨다. 도량에서 스무하루 철야 기도할 때, 사용하라고 핫팩을 챙겨주시고, 기도하다 지치면 스님 방에 와서 잠을 자라고 온정을 베푸셨다. 공양간 보살님은 밤중에 허기지면 먹으라고 구수한 누룽지도 한 봉지 내 손에 쥐여주곤 했다.

내가 세속 일로 사찰의 중요 행사에 참석하지 못하면 비구니 스님은 큰스님 법문이 담긴 테이프와 사찰의 약수, 감로수를 병에 담아 단오 절기에 맞춰 인편에 보내주셨다. 큰스님뿐 아니라 나는 모든 이들에게 그 절에 가면 대접받는 기분이 들었고, 내가 반드시 그 절에 가야 하는 것으로 알고, 절기 행사와 큰스님의 《묘법연화경》 특강에 참석하려고 노력했다.

나는 대수술 후 거동이 불편했으므로 근 3년 동안 법회에 참석하지 못했다. 그럴 때는 비구니 스님이 큰스님 법문 테이프를 몇 상자나 되는 분량을 인편에 보내시면서 부지런히 공부하라고 격려해 주셨다.

많은 녹음 테이프 중에는 공교롭게도 하필 내가 불참했을 때, 내 전생을 주제로 한, 큰스님의 법문 내용이 들어 있었다. 처음 접하는 내 전생 이야기가 신기했다. 나는 누운 채로 열심히, 비구니 스님의 정성을 헤아리면서 법문 테이프를 듣고 또 들었다. 그때 나는 내가 살길은 오직 《법화경》이라는 생각이 들었다. 자리에 앉지도 눕지도 못하고 선 채로 《묘법연화경(妙法蓮華經)》을 독송하고 사경하면서 깊은 우환을 달랬다.

이 새벽 왜 큰스님 생각이 났을까. 내 생명의 연한이 다가오는 것은 아닐까. 내 친구들 특히 초등 남자 동창들 몇 명은 코로나 와중에 확진돼 저세상으로 가버렸다. 여자 친구들도 병으로 하나둘 내 곁을 떠나가고 있다.

"고생, 고생하면서 책을 두어 권 쓰면 옷 벗고 간다"

큰스님 말씀이 내 영혼에 각인돼 있다. 그때가 바로 지금인 것인가. 전생에 법사 공덕을 쌓았다는 나. 높은 위치에서 사람을 가르친 그 업을 이생에 와서 상정진 하지 않은 죗값을 하느라고 이리 고생이라고 말씀하셨다.

이렇듯 살은 살대로, **뼈는 뼈대로** 몽땅 해체되는 것처럼 모질게 아픔을 겪는 것인가. 정신을 차릴 수 없도록 극심한 통증을 겪을 때, 그 통증을 잊기 위해서라도 나는 역설적으로 글을 읽고 글을 쓰게 되니 그 이치가 가상하다 할지, 가련하다 할지 하루하루가 형자의 길, 고통의 길 아닌 게 없다.

전에 문학상을 탈 때였다. 여러 사유로 해서 나는 그 상을 받고 싶지 않았다. 상에 연연하지 않았고, 상을 주관하고 베푸는 사람들의 인품이랄까 관행이랄까 나는 상세히 알지 못해도 무엇인지 모르게 부적절해 보였다. 그 밤 고민 끝에 겨우 잠들었는데 꿈속에 큰스님이 우리 집에 오셨다. 말없이 내 손을 이끌었다. 나는 알아차렸다. 현실에 순응해야 한다는 것을. 내가 책을 출간하면 큰스님은 책 내느라고 수고했다면서 여러 사람 앞에서 나를 칭찬해 주시고 용돈을 내리기도 했다.

이 새벽에 왜 이런저런 일들이 떠오른 것일까. 섬에서 귀가하고 나서 내가 너무 아프기 때문이다. 바닷가 절벽을 기어오르다

요상한 자세로 넘어진 게 뼈에 금이 간 듯, 인대가 늘어난 듯, 유별나게 더 아프게 된 이유 같다. 넘어진 후 내 체력이 급속도로 하강한 것을 체감한다. 정형외과 물리 치료도, 한의원의 침 치료도 아직은 진통제 없이는 잠을 못 잘 정도로 별무효과다. 아프니까 그 아픔을 희석시키려고 노트북 앞에 앉은 것이 아니냐. 푸념이 길다.

몹시 추운 날 새벽, 오래전 열반하신 큰스님을 그리며 시름을 달래보려 했던가. 작금의 내게 심신의 아픔이 만만하거나 가벼운 것이 아니므로.

어느 날 그런 일이

　소식이 뜸하던 분이 전화하셨다. 궁금해서 여러 번 전화해도 전혀 통화가 안 되던 분이었다. 치과에 오면 치료 끝나고 꼭 자기 한테 들려 점심을 함께 먹자는 전화를 몇 번 받았다. 아프고 괴로운 치과 치료를 견디고 난 후 어디를 간다거나, 사람을 만나 식사를 한다는 건 될 수 있으면 피하고 싶었다. 그러나 그분이 너무나 간곡하게 원하므로 그러겠다고 약속했다.

　나는 치과에 가는 날을 달력에 표시를 해놓고 그분과의 약속을 지키려고 했다. 그런데 하루 앞두고 그분이 아침 일찍 전화로 약속을 파기했다. 편안할 때 만나자고 했다. 나의 컨디션이 양호한 날 전화해 달라는 것이다. 그런 일이 두세 번 반복되자 이상한 생각이 들었다.

그분은 여러 자식 중 미혼인 막내하고 같이 살았다. 막내딸이 집에서 안 내보내 주면 아파트에서 뛰어내리겠다고 하여 할 수 없이 내보내고 구순을 바라보는 연세에 그분은 혼자가 되었다고 했다. 처음엔 식사도 혼자, 병원에 약 타러 가는 것도 혼자, 무엇이든 혼자여서 신경 쓸 일이 없어 무척 편하다고 했다. 근처에 아들 내외가 살아 반찬을 해오고 자주 문안드리니 그것도 괜찮다면서 스스로 만족해하는 눈치였다.

그날도 혼자서 약을 타러 서울 시내 S대학교 병원에 갔다고 했다. 약을 타고 나오다가 갑자기 병원 바닥에 쓰러져 알 수도 없는 헛말을 지껄였다고 한다. 수납 직원이 그분의 진료카드를 보고 가족에게 전화하여 집으로 갈 수 있었다고 하면서 그분은 한숨을 쉬었다.

"혼자 사는 것도 나이 많아 한계가 있나 보다. 어때? 이러면 나도 요양원으로 가야 하는 거지?"

"요양원? 거긴 왜요? 아드님이 옆에 사신다면서요"

"지들도 출근하니까 바빠서 그렇겠지만, 자식 다 소용없어"

"그럼 요양보호사를 부르세요"

낮에 몇 시간 와서 함께 있어 주는 사람에게 도움을 받으라고 내가 말했다.

"더위 좀 가시면 우리 집에 꼭 오라구"

그분과는 나의 20대 초 작가인 L 교수님 댁에서 만난 인연이다. L 교수님 댁에는 몇 명의 대학생들이 기숙하고 있었는데 그중에서 우리는 결혼 이후에도 L 교수님 댁을 자주 찾았던 것 같다.

이제 이분도 내 곁을 떠날 때가 되었구나, 싶었다. 복잡한 대학병원 구내에서 쓰러진 것도 엄청난 일인데, 무슨 헛소리까지? 혼자 살아 영양 면에서 미흡하고 정신적으로도 소외감, 우울감이 깊었던가. 자식이 열 명이면 뭘 하나. 아프거나 늙어본 일이 없으니 노모의 삶을 이해하기는 무리다.

그렇다고 요양원을 간다는 것은 죽음을 앞당기는 일일 것 같다. 돈벌이에만 급급, 입소자들을 학대하고, 음식 같지 않은 걸 식사라고 주고, 노인들 인권조차 없는 곳, 과거의 고려장이 오늘날의 요양원이라고 소문나지 않았는가. 내가 잘 아는 노인은 며느리 앞에 무릎을 꿇고 제발 요양원에 보내지 말라고 사정을 했다던가.

자존심이 강한 분인데 오죽해서 요양원을 말씀하실까. 전화를 끊고 나는 마음이 착잡했다. 대체 노인들이 갈 곳이 어디인가. 있는 재산 다 털어 공부시키고, 결혼시켜 집까지 장만해 주었다고 한다. 그 노모가 마지막 인생길에 양로원을 말씀하시고 있다.

노쇠는 누가 되었든 서럽다. 하루하루 마모돼 가는 심신이 공포다. 믿고 의지할 무엇도 없어 마지막 카드로 요양원을 생각하신 것일까. 그 상황에서 나는 왜 오라 하는지? 어린 시절 L 교수님 댁에서 함께 고생한 나에게 혹 의논할 일이라도 있는가.

나는 그분의 정황이 궁금한 채로 집 밖으로 나가서 다이소의 라면 냄비를 사 왔다. 사는 날까지 타인의 신세를 지지 않고 맛이 있든 없든 라면 1개라도 내 손으로 끓여 먹고 살자고 다짐한다. 어느 날 그런 일이 발생하지 않는다는 보장이 없으니, 지금부터라도 각별히 유념해야 하리라.

가족이 원수라는 모 스님의 말씀이 생각난다. 업보 소멸하려고 부모 자식으로 만났다는 그 말씀을 이해할 듯싶다. 어디서 와서 어디로 가는지도 모른 채, 어느 날 그런 일이 일어나지 않기를 바라는 마음으로 하루하루가 조심스럽게 이어지고 있다.

각자도생(各自圖生)

　원고 작업을 마치고 손을 놓아서인가. 갑자기 시간이 강물처럼 밀려와 주체하기 어렵다. 미세먼지가 심하지 않으면 잠시 ○○사에 가서 향이라도 피워 올리고 싶었다. 법당에는 들어가고 나가면서 일일이 체온 재고 손 소독하고 뭐를 쓰고 성가시다. 굳이 사찰이 아니더라도 집 밖으로 마음을 돌리면 덜 우울할 것 같았다. 마침 먼 시골에 사는 시인에게서 전화가 왔다. 나는 하던 일을 멈추고 전화를 받았다.

　"자식 다 소용없어요!"

전화를 귀에 대자마자 시인이 말했다. 시위대 선두에서 구호를 외치듯 음성이 격앙되어 있었다. 그분의 한 아들은 외국 나가 살고 있고, 한 아들은 서울에 산다. 오늘뿐이 아니다. 그분은 자식이 소용없다 소리를 근래 자주 하셨다. 오늘도 똑같이 그 말씀이었다.

자존심이 워낙 강한 분이라 여간해서는 자식 이야기, 더구나 조금이라도 언짢은 이야기를 한 적이 없다. 집 두 채를 팔고 가지고 있던 모든 살림까지 두 아들에게 나누어 주고 본인은 먼 바닷가 근처 행복아파트에서 조촐하게 사신다.

"왜? 무슨 일이 있으세요?"

"아니 나만 그러는 게 아니고 앞 동, 옆집 다 그렇게 말을 한다고요"

어젯밤 나에게 걸려온 전화는 또 다른 분이다. 그분은 동산, 부동산 있는 것 자식에게 다 털어주고 나서 어쩌다 친구를 만나도 점심 한 끼 대접할 수가 없다고 하소연했다. '그러게 왜 다 털어주셨어요?' 나는 그분의 화를 돋우는 것 같아서 속으로만 대꾸했다. 밤 10시가 지났는데도 그분의 점심 한 끼 이야기는 끝나지 않았다. 많이 섭섭하신 것 같았다.

"글쎄 늙어가는 부모 돌볼 생각은 안 하고 계산만 하고 있다니까요"

오늘 전화한 시인은 자식들에게 더 나누어 줄 게 남아 있는가, 없는가. 줄 게 있어야 자식들이 찾아오는 게 아닌가. 그분은 워낙 검소하고 알뜰한 분이었다. 별장 같은 큰 집에 살 때는 뜰에 무화과나무, 뽕나무, 감나무, 밤나무, 살구나무, 앵두나무에다 땅바닥에는 냉이며 민들레, 씀바귀, 쑥, 질경이 등이 각종 화초와 함께 지천이었다.

나는 몇 년 전 지리산 움막에 가는 도중에 그 큰 집에서 하루 묵은 일이 있다. 제법 건축자금을 많이 들여 잘 지은 집이었다. 집 관리가 힘들어지자 큰 집 두 채를 서둘러 정리하고 그런대로 노후를 편안하게 지낸다고 하셨다. 그런데 아침부터 왜 자식 다 소용없다고 하시는가.

요즘 각자도생, 가족 해체, 어머니 시대 끝, 혼숙, 혼밥 등, 이런 단어들이 뜬다. 스마트폰이 생기면서부터 그런 이야기가 주변에서 자주 터져 나왔다. 명절에 고향집에 가도 마주 앉아 정다운 대화를 나누기보다 각자 스마트폰에 코를 박고 골몰한다. 스마트폰 하나만 있으면 방송국도 하고, 사장도 하고 뭐든 못 하는 게 없다. 그런 세상이 된 것이다.

무슨 말씀이든 어른의 말씀을 들으려는 그런 시대는 끝났다.

말씀은커녕 어른들과 마주 앉으려고 하지도 않는다. 혹여 그런 상황에서 과거의 일을 꺼내거나, 교훈적인 무엇을 가르쳐 주려는 눈치면 자리를 피하거나 화를 내거나 둘 중 하나다. 오로지 스마트폰이다. 나는 그 시인의 마음을 조금은 헤아릴 수가 있을 것 같았다. 바야흐로 각자도생의 시대가 도래한 것이다.

시인의 마음이 상했던가. 봄꽃이 예쁘게 피어나 사진을 찍어 아들에게 카톡을 해도 아무런 답이 없다고 푸념했다. 아들은 며느리의 남편이 아닌가. 시인의 아들이 결혼해서 집을 떠난 게 어제오늘도 아니다. 요즘 아들은 처갓집 데릴사위라고 부른다. 데릴사위는 양호한 편에 속한다. 아예 상머슴이라고 칭한다. 아들 때문에 새삼 쓸쓸할 것도 서운할 것도 없다.

많은 노년들이 자식에 대해서 관심이 무뎌진다. 세상이 그리 돌아가므로 애쓴다고 되는 일도 아니었다. 차라리 다른 일에 자신을 투자하는 것이 현명하다. 허탈할 때도 있지만 어차피 인생은 홀로다. 한 지붕 아래 있어도 만능의 스마트폰이 이전의 오붓함과 단란한 기억을 삼켜버렸다.

아직도 그 시인은 1960년대 사고방식 같았다. 모처럼 어머니가 살고 있는 곳까지 와서 전화만 하고 어머니 얼굴은 볼 생각도 없이 가버린 그 시인의 아들 부부도 조금 심하기는 하다. 어쩌겠는

가. 끈을 붙들어 매고 끌고 올 수도 없지 않은가. 섭섭하게 여기는 쪽에서 체념하는 것이 상책이다.

부모가 가난하면 자식을 불효자로 만든다는 어느 분의 말씀이 생각난다. 별장 같은 큰 집 두 채를 매도한 다음 좀 더 신중하게 재산처리를 했더라면 어땠을까. 근처까지 왔다가 모친을 만나지도 않고 전화만 했다는 것은 코로나 상황이지만 심한 것이 맞다. 노인은 "밤새 안녕하시냐?"라는데 어떻게 그럴 수가 있는가. 그 분은 나에게 이야기하고 나니 속이 시원해지셨다고 한다.

"그러게, 시집 출간 작업이나 하시면서 다 잊으세요"

내 말이 그분에게 어떻게 들렸을까. 각자도생의 시대, 21세기 노년의 삶이 애달프다 하지 않을 수 없다.

컴퓨터난(亂)

 갑자기 이게 무슨 일인가. 교정 보는 중에 돌연 글자가 대왕(大王) 글자로 변해버렸다. 처음부터 11폰트로 썼고 지금 전체 쪽수를 대거 축소하기 위해 수정 중인데 대체 무슨 변고인가. 상단에는 11폰트로 분명히 글자 크기가 그대로인데 이건 30폰트도 넘어 보인다. 글자가 아니라 괴물이다. 수정을 지속할 수 없는 상태였다. 큰 글자는 너무나 당황해서 삭제도 안 되고 요지부동이다. 나는 가슴이 떨려 도저히 어찌할 바를 모른다.

 지난해 랜섬웨어에 감염돼 크게 놀라서일까. 솥뚜껑을 보고도 놀란다더니 내 심장은 두근두근 안절부절이다. 내 지인이 사연을 듣더니 바로 컴퓨터 기술자를 연결해 주었다. 컴퓨터 기술자는 오자마자 어딘가 전화를 했다. 나에게 랜섬웨어 범인들이 미화 2,445불을 송금하라고 한다고 전한다. 범인들은 **빠른** 해결을 원하는 나를 더욱 겁나게 했다. 2,445불을 송금하면 일이 해결된다고? 눈에 보이지도 않는 놈들과 가격을 놓고 통화하는 것은 더 이상 불가능해 보였다. 놈들이 요구하는 미화를 보내도 한 번의 송금으로 끝나는 일이 아니라고 컴퓨터 기술자가 설명했다. 어쩌면 미화가 아닌 비트코인으로 지불하라고 요구할 수도 있다고 한다. 비트코인으로 송금하려 해도 비트코인 가격이 수시로 변동되므로 그 가격에 맞춰 송금한다고 해서 안심할 수 있는 것도 아니란다. 다른 요구가 또 있을 것이라고 했다.

    컴퓨터의 모든 자료들은 하얗게 변해 있었다. 컴퓨터에 달걀귀신이 들어앉은 것 같았다. 초등학교 가기 전 여섯 살(?) 꿈속에서 우리 집 뒤꼍 목욕탕 지붕으로, 뭉글뭉글 퍼지면서 몸체를 불려가던 달걀귀신을 보았다. 그 달걀귀신이 출현한 것과 유사한 두려움을 느꼈다. 나는 너무나 당황해서 더 무엇을 어떻게 해야 하는지 갈피를 잡을 수가 없었다. 게다가 지인이 소개해 준 컴퓨터 기술자는 곤경에 처한 나에게 거의 위협적으로 말했다.

"놈들에게 2,445불을 송금할 것이냐? 컴퓨터를 새로 구입할 것이냐? 둘 중 하나를 빨리 결정하세요!"

벌벌 떨고 있는 나를 몰아갔다. 하는 수 없이 놈들과 타협을 중단한다. 수년째 사용해 오던 컴퓨터를 포기하는 쪽으로 가닥을 잡았다. 마음이 아리고 쓰렸다.

늘 단골로 컴퓨터를 봐주던 우리 동네 컴퓨터 아저씨가 있다. 사건이 터지자마자 전화를 수차례 했다. 그는 월요일에나 방문하겠다고 말했다. 달걀귀신이 쪼그라들 듯 하얗게 죽어 있는 컴퓨터를 금요일에서 월요일까지 두고 볼 수가 없다. 어쩔 수 없이 지인이 소개해 준 초면인 컴퓨터 기술자의 제안을 받아들인다. 카드 결제로 컴퓨터를 새로 설치했다. 그게 불과 얼마 전이다. 수년간 써놓은 모든 글들이 사라졌다. 더구나 캐나다에 머물 때 쓴 G 목사님 관련 글들이 사라진 것은 큰 손실이었다. 그 후 컴퓨터 앞에 앉기가 몹시 두려웠다. 지인이 소개해 준 컴퓨터 기술자도, 해킹이 범람하는 세상도 무섭기는 마찬가지였다.

얼마 후 나는 또 메일을 해킹당했다. 놈들이 이번에는 돌아가신 지 수십 년이 넘는 '내 어머니가 코로나에 걸렸고, 그 위에 신부전으로 급히 신장이 필요하다며 돈이 필요하다'고 했다. 메일 발신자는 나로 되어 있었다. 수신자도 나였다. 어투나 단어 사용이 한눈에 보아도 해킹인 줄 알 수 있었다. 소설 쓰는 어떤 이는 그 메일을 받자마자 그놈과 메일을 주고받으면서 자세한 걸 알고 싶다고 했다나. 게다가 단톡방에 그 메일을 올려 마치 내가 돈 달라고 구걸한 것처럼 단체에 진실을 호도, 광고하면서 동네방네 내 이름을 퍼 날랐다. 때리는 시어미보다 말리는 시누이가 더 밉다. 그때를 생각하면 지금도 컴퓨터 스트레스로 머리꼭지에 열이 치솟고, 온몸이 부들부들 떨린다.

그래저래 나는 글자 크기가 왕(王)만 하게 확장되어진 것에 대해 겁이 날 수밖에. 컴퓨터를 잘 다루지 못한 실책이겠지 하고 작업을 중단하고 컴퓨터를 닫았다. 심장이 마구 쿵덕거렸다. 집 밖으로 도망가고 싶다. 이 무슨 고생인가. 이 무슨 형벌인가 싶다. 이 작업을 계속해야 하는가 의문이 들끓는다.

고 박완서 선생님의 "문운도 중요하지만, 재운도 있어야 한다"는 말씀처럼 반드시 상을 타려고 돈 벌려고 문학에 발 들여놓은 것은 아니지만 대박이 터지지 않는 한 매사 만만치 않다. ○○년 가을 박완서 선생님은 YWCA 대강당에 몰려온 수백 명의 시인, 소설가, 문학 지망생들에게 강조하셨다.

"이 많은 인원이 모두 소설가가 되고 시인이 될 수 없다. 여성의 경제적 자립 없이 가정에 민주화 없다"

단호하게 선을 그었다. 소설가, 시인도 좋지만 우선 각 일간지에 여성의 창이라는, 독자가 투고할 수 있는 지면이 있다. 거기에 열심히 글을 써내라고 독려하셨다. 여성의 경제적 독립 없이는 가정에서도 남녀평등은 없다고 하셨다. 문학보다 삶이 우선이라는 것이다. 당시 나는 여성의 출생에서 사망까지, 일생을 그린 보부아르 여사의 《제2의 성》 4권을 읽은 후였다. 보부아르 여사는 《제2의 성》에서 '여자는 태어나면서부터 손해 보는 인생'이라고 설파했다.

태어나면서부터 손해 보는 인생이므로 나는 편안이 뭔지 행복이 뭔지 잘 모른다. 삶이 너무나 외롭고 고달파서 글쓰기로 방향타를 틀었다. 이제는 글을 쓰다가 책상에서 생을 마감할지도 모른다는 예감뿐이다. 삶의 완성을 위하여? 그거 아닌 것 같다. 완성이란 본래 있지도 않은 것이다. 팔자고 운명이고 일종의 지중한 업보의 화살을 맞은 것이라고 여긴다.

그 옛날 서포 선생은 대제학이라는 정이품 최고의 벼슬을 사양했다. 아예 벼슬 명부에서 자신의 이름을 빼버리라고 임금에게 탄원했다. 오로지 어머니 윤 부인을 모시고 소박하게 살고자 했다. 만종(萬種)의 녹봉을 받고 고위 관직으로 명성과 부요를 누리기보다 평범한 삶, 온 가족이 다 함께 향촌에 모여 어머니 윤 부인에게 효도하면서 사는 삶을 꿈꾸었다. 서포는 그 소망을 이루지 못한 대신 노도 섬에서 불후의 명작을 쓰고 생을 마감했지 않은가.

　오늘은 개나리꽃이 활짝 핀 대학로를 지나, 중국어 공부에 미쳐 4, 5년간 분주히 오가던 혜화동 로터리를 걸어볼까. KTX를 타고 남녘으로 달려가 볼까. 살 떨리는 컴퓨터난을 당해 나는 진지하게 궁리한다. 당분간이라도 이 현실에서 탈피하고 싶다.

비몽사몽

　오늘은 재활용 쓰레기 수거하는 날이다. 나는 정신을 바짝 차리고 일찍 일어날 수 있었다. 일주일 모아진 쓰레기를 두 팔로 싸안고 나가려면 남들이 일어나지 않을 때가 나에게는 편했다.
　쓰레기 수거는 결코 간단하지 않다. 내가 일을 추어내지 못하고 코로나19에 주문 물품 배달이 증가해서인가. 폐비닐, 포장지, 상자, 각종 플라스틱 용기, 스티로폼, 캔 종류, 유리그릇, 종량제 봉투에 담은 잡동사니까지, 시간이 꽤 걸렸다. 출근하는 젊은이들이 후딱후딱, 쓰레기를 던지고 총총히 발걸음을 돌리는 그 틈에 서서 나는 요즘 더 많이 증가한 쓰레기 처리가 버거웠다.

샤워하고 머리 말린 후, 주사 맞기 편리한 복장으로 갈아입고 허둥대며 지하철에 올랐다. 병원에 도착하니 시간은 9시 50분. 진료 개시 10분 전이었다. 나는 병원에 일찍 도착했다고 안심했다. 웬걸! 계단을 오르는 한 남자. 그는 내 몇 걸음 앞에서 2층으로 오르는 중이었다. 두 단계로 꺾어져 올라가는 계단이어서 처음엔 그 사람을 발견할 수 없었다. 나는 아차! 했다. 나로서는 집에서 일찍 출발, 허둥지둥 달려온 것이다.

처음 내원했을 때는 3시간여를 대기하다가 원장님 진료를 받았다. 오늘도 대기실에 앉아 2시간이 그냥 흘러갔다. 나보다 늦게 온 환자들이 속속 진료실에 들어갔다. 간호사에게 까닭을 물으니 그들은 먼 지방에서 올라와 꼭두새벽부터 줄을 서 기다려 예약을 해놓고 다시 온 거라고 했다. 아, 그런 수도 있구나. 그만큼 잘 보는 병원인가.

교통사고를 당하고 병원 다닐 때 진료과 의사에게 아픈 이야기를 펼치지도 못한 채 끝난 고작 3분 진료와는 달랐다. 스탬프로 척 척 찍어내듯, 환자가 3분 간격으로 냉방 된 진료실을 폴랑폴랑 들고나는 풍경과는 다른 모습에 홀려, 나는 마음속으로 참을 인(忍) 자를 기억했다.

"그 병원 진료비 절대 비싼 거 아니에요. 그만한 가치 있어요.

진짜 병원에 온 기분 날 겁니다"

이 병원을 알려준 동학의 말이었다. 동학 역시 교통사고로 온 몸에 상처를 입고 여러 병원을 전전했다고 한다. 이 병원을 알게 되어 겨우 치료를 종료했다는 것이다. 나는 동학의 말을 떠올리면서 묵묵히 기다렸다. 전화가 울린다. 코로나19 이후 모임, 만남이 뚝 끊기고 나서 처음 받는 초등 동창의 전화였다.

"희(姬)야! 너는 건강 어때? 나 여기 정형외과야. 목이랑 어깨, 허리 아파서 주사 맞고 물리 치료 지금 막 끝났어"

"뭐? 너도 정형외과라고? 나 지금 여기 병원이야"

나는 대기실 밖으로 나와 통화했다.

"너랑 나랑은 너무나 비슷한 게 많다. 신기하지 않니? 우리 치료 잘 받고 인사동에서 만나자. 코로나19 이거 언제 없어지니? 내가 전화하면 그냥 마스크 쓰고 나와, 알았지?"

내 이름을 부르는 소리가 들렸다. 나는 통화를 중단하고 진료실로 들어갔다. 나는 옷을 까 올리고 내리고 하면서 목과 어깨,

등허리에 주사를 10개 정도 맞았다. 치료 과정이 불편하고 구차스러웠다. 인내의 극치였다. 친구와 나는 어쩌면 같은 날, 동일한 부위를 치료받는가. 그야말로 동기감응인가.

  치료를 마치고 핑글! 어지러워서 조심조심 계단을 내려갔다. 지하철에 올라 빈자리에 앉자 꾸벅꾸벅 졸기 시작했다.

"환자가 힘들어! 환자가 싫다!"

옆 사람이 듣거나 말거나 나는 비몽사몽 울부짖었다.

네잎클로버의 경고

 장어를 사다가 냉장고에 넣어두었단다. 날 잡아서 자기 집으로 오라고 했다. 그이는 봉사활동으로 늘 바쁘고 나 역시 책을 쓰고 출간하느라 분주다사했다. 게다가 발가락 부상으로 정형외과와 한의원에 다니느라 차일피일하다가 장어 이야기를 까맣게 잊어버렸다. 이른 아침 그이가 다시금 장어에 대해 나에게 전화했다.

 그날은 마침 광복절, 며느리의 제삿날이었다. ○○년 8월 15일, 자정을 막 넘긴 찰나, 24시 즈음에 애들 엄마는 세상을 떠났다. 나는 오전에 잠시 다녀올 생각으로 아픈 발을 끌다시피 그이의 집을 방문했다. 나의 신간 《남해의 고독한 성자(聖者)》를 그이에게 전해준 다음, 시원한 냉차 한잔 마시고 돌아올 셈이었다. 내가 도착하자 그이는 또닥또닥 칼도마를 두들기며 요리를 시작했다. 안 해도 되는데, 요즘 입맛도 없는데, 땀 흘리고 일하지 않으면 좋겠는데, 내 생각은 그랬다. 잠깐 머물다 가겠다는 내 생각을 관철시킬 기회를 찾지 못한 채 자근자근 도마 두들기는 소리를 들었다.

식탁에는 여러 가지 반찬이 진설되고 프라이팬에서는 장어가 향기롭게 익어가고 있었다. 맛난 냄새가 어우러진 식탁에 앉았다. 양주에 장어구이가 내 무거운 마음을 중화시키는 것 같았다. 나는 장어구이를 잘 먹고 서둘러 돌아갈 준비를 했다.

아파트 단지 사잇길로 걸어 나왔다. 그 길은 클로버가 군데군데 군락을 이루고 있었다. 보라색 엉겅퀴도 피어 있고, 금계국도 더러 눈에 띄었다. 네잎클로버가 눈앞에 있다. 하나둘이 아니다. 한자리에 무리 지어 있다. 나는 네잎클로버 5개 정도 따서 내가 늘 휴대하는 노트 갈피에 소중히 갈무리했다.

새로운 장난감을 얻은 어린이처럼 기쁘게 지하철역으로 내려갔다. 지하철은 자리가 널널했다. 자리에 앉았다. 그제서야 나는 그이가 정성껏 만들어 챙겨준 영양 음식과 내 양산이 들어 있는 종이가방 생각이 났다. 그 가방에는 번식력이 왕성하여 **빠르게 꽃을 피워내는 우산란** 가지도 들어 있었다. 목적지에 이르렀다. 착

오, 분실의 원인은 네잎클로버에 있었다. 정확하게 말하면 네잎클로버에 내 정신이 팔린 게 문제였다. 행운의 네잎클로버를 얻은 대신, 그이의 정성을 잃은 것이다. 마음이 씁쓸했다. 말복 더위에 음식 만들기는 쉬운가. 타인을 불러 식사를 대접하기는 또 얼마나 신경 쓰이는 일인가. 그이는 번번이 나에게 대보살이었다.

"학교 오가면서 제발 해찰 좀 부리지 마라. 뱀에게 물리면 어쩔래"

어린 날의 어머니와 언니의 충고가 떠올랐다. 주(主)를 방심하고 곁가지에 열중한 것은 내 인생 여정에 장애 요소로 작용했다. 천생연분을 모르고 외면하거나, 훌륭한 멘토, 스승을 몰라본 것 등, 인생살이에 허술한 점이 너무도 많다.

"지엽적인 일에 집착하는 희(姬)씨의 기풍이 슬플 따름입니다"

여고 시절 나의 해찰에 대한 S 대 Y 씨의 푸념이었다.
항상 군자대로행(君子大路行)을 외치던 내가 대도를 비켜 소도를 선택한 건 인생 최대의 실책이었다. 앞으로는 네잎클로버가 숱하게 보여도 무심하리라. 아들네에 가서 제사를 돕고 집으로 돌아오는 밤길은 더할 나위 없이 숙연했다.

"인생 미숙에서 깨어나라!"

네잎클로버가 나에게 준 뼈 아픈 경고였다.

** 장편소설《남해의 고독한 성자(聖者)》후기

―

1. 오래전 지인이 전화하셨다. 평소에 알고는 지냈어도 각별하거나 자주 대화를 나눈 사이라고는 말하기가 애매하다. 친구를 따라간 자리에서 그분에게 나의 책을 드린 일로 인연이 닿았다고 할까. 첫인상부터 매우 어려운 분이라는 느낌이 왔다. 그분의 뇌리에는 차원이 다른 세계가 들어앉아 있는 듯, 내 상식 수준으로는 이해하는 데 버거운 분으로 보였다. 전화의 요지는 나에게《구운몽》을 읽으라는 당부, 권면, 지시 같은 것으로 의외였다.

대형 수술을 치르고 병석에서 곤욕을 치르는, 일생일대의 험난한 시기였다. 아들은 병상의 나에게《구운몽》을 비롯, 책을 잔뜩 가져와 읽게 했다. 나는 환자의 고통을 극복하기 위해서는 독서가 최선의 방법이라고 여겨, 항생제 소염진통제 대신 책 속으로 통증을 밀어 넣었다.

악어가죽처럼 단단한 벨트의 압박, 숨을 조금 크게 쉬어도, 사람이 다가오기만 해도 기절할 정도로 지독한 통증이 점차 줄어드는 것 같았다. 《구운몽》을 읽으라는 일종의 명령과도 같은 권유에 나는 순종(?)한 것이다. 기왕 독서로 통증을 희석시키고, 극복할 요량이라면《구운몽》이라고 마다할 이유가 없었다. 양소유의 사랑법에서 모처럼 하하하, 웃을 수가 있었다.

양소유는 중국 진나라의 미남 문인 반악(潘岳) 같고, 기상은 청련(靑蓮) 같고, 문장은 당나라의 문인 연허(燕許) 같고, 시재(詩才)는 중국 서주의 마지막 왕, 유왕(幽王)의 총애를 받는 포사(褒姒)와 같고, 필법(筆法)은 고금(古今)의 첫째가는 서성(書聖)으로 존경받는 종왕(種王) 같고, 제자백가와 중국의 병서 육도삼략(六韜三略)과 활쏘기와 칼 잘 쓰기를 정통하지 않을 것이 없으니, 진실로 여러 대에 걸쳐 수행하는 사람이더라.

온갖 찬사와 선망을 받는 인물이므로 부쩍 관심이 쏠렸다. 유쾌하고 즐거웠다. 나의 고향은 그 시대 소위 양반 도시로 여고생이 영화관이나 남친은 고사하고, 해 떨어지면 연필 사러 문밖에도 나가지 못했다. 그래서일까. 역사상 전무후무한, 김만중이 창조한 《구운몽》의 주인공에게 더욱 매료되었다. 밤낮을 구별하지 않고 열독할 수 있었다. 병상을 떨치고 일어나면 《구운몽》을, 아니 김만중을 더 심도 있게 연구해야겠다고 작심했다. 서지도 앉지도 못하는 중환자인 나의 책 읽기는 불행 중 다행이었다.

얼마 후 병상에서 떨쳐 일어났다. 나는 곧바로 《묘법연화경》을 사경했다. 이어서 다시금 《묘법연화경》의 문장에 홀리기 시작했다. 불경을 읽고 사경하는 것은, 마음 뼈대를 굳건히 하는 방편이기도 했다.

2. 아들은 나에게 새로운 공부를 시도해 보라고 제안했다. 나는 그 말에 힘을 얻어 중국 문학으로 출발, 이어서 불교학으로 선회했다. 순수한 신앙심에서 학문으로 발전을 한 것이다. 늦공부에 폭 빠져 지내는 가운

데 나에게 《구운몽》을 읽으라던 그분의 사망 소식을 듣게 되었다. 그분은 나에게 유언을 한 것일까. 유언이라고 하면 희한한 것이 아닌가. 나는 그분의 제자도 아니다. 다만 내 책이 세상에 나올 때, 한두 권 전해 드린 것뿐이다.

그분이 타계하자 나는 공부에 박차를 가했다. 논문 주제를 무엇으로 정할까. 깊이 고민하지 않았다. 당연히 김만중의 《구운몽》을 염두에 두었다. 《구운몽》을 마음 치유 요소로 차용한 것은, 우울증으로 고난을 겪는 사람들이 증가하는 시대 상황으로 보아 시의적절하다고 스스로 평가했다.

김만중은 천 리 머나먼 노도 외딴섬에 위리안치 귀양살이하면서, 아들 걱정에 밤잠을 이루지 못하고 근심할 홀어머니 윤 부인을 위로하기 위해 《구운몽》을 저작했다고 한다. 나는 저자 김만중의 일대기를 소설로 저작하고 싶은 충동에 사로잡힌 바 되어, 앉고 서는 동작에도, 잠드는 순간에도, 꿈에서조차 그 마음이 떠나지 않았다.

'김만중의 일대기 다섯 권? 다섯 권은 힘드실까. 최소 세 권은 쓰셔야 할 것'

아들은 수시로 나에게 작의(作意)를 일깨워 주었다. 나는 강원도 원주시 매지회촌 마을 박경리의 토지문화재단에 마감 날 입주 신청서를 제출했다. 입주 허락을 받았다. 6:1의 행운이었다. 나는 수집한 자료 중 기초적인 것 몇 종류만 지참했다. 뇌리에서 자연스럽게 분출되는 문장으로 진솔하게 초고를 써보고자 했다.

《구운몽》의 주인공 양소유는 육관대사의 수제자 성진이다. 나중 양소유로 환생했고, 꿈을 깨자 성진으로 되돌아온다. 책 속에서 성진도 되고 양소유도 된다는, 불가의 불이론(不二論)을 나의 작품《남해의 고독한 성자(聖者)》에 피력했다.

나는 소설 김만중 일대기를 저작하기에 가장 좋은 여건, 장소로 토지문화재단 집필실을 선호했고 토지문화재단 매지사에 두 달여 머물며 작품 창작에 전념했다. 사찰에서 스무하루 기도를 여러 차례 해본 경험이 있어 여기에서도 저녁 9시에 잠들고 새벽 2~3시에 저절로 잠이 깼다. 기도 먼저 한 다음 노트북을 열었다. 그렇게 7시까지 아침밥도 잊고, 가을 들판으로 걷기 운동하는 것 외에, 오로지 김만중의 억울함과 불행에 맞서 그의 충심 효심 문심을 표출하는 데 전력을 기울였다.

매지리 토지문화재단에는 인간의 언설로는 설명이 불가한, 어떤 요소가 존재하고 있다고 굳게 믿었다. 광대무변한 우주의 힘, 유협(劉勰)* 이 《문심조룡》에서 설파한 신사(神思)와 영적인 능력이 나를 밀어주는 것만 같았다.

3. 선천적으로 대인의 풍모를 갖춘 박경리 선생님은 이승을 떠나셨지만 그분의 유훈(遺訓), 염력이랄까. 후배 작가들에 대한 열정, 관심, 그분의 후광이나 배려는 토지문화재단에 변함없이 상존한다고 확신했다. 그 믿음은 시시때때로 나에게 생의 활력과 용기의 진원지가 되었다. 그 가

---

* 유협(劉勰): 인명. 중국 남북조시대 양나라의 문학자(465~521)다. 자는 언화(彦和)다. 뒤에 불교에 귀의하여 혜지(慧地)라고 이름을 고쳤다. 경론에 박식하였다. 저서에 남북조시대의 문학평론서 《문심조룡(文心雕龍)》이 있다.

을 영하로 떨어진 매지사 집필실이 몹시 추웠다. 춥건 따스하건 나는 상관하지 않았다. 감옥 속에서 명저를 내는 분들이 있고, 남해의 외딴 노도 섬 가시울타리에 갇혀, 전 세계적으로 유명한 작품을 생산한 서포 김만중을 떠올렸다. 나는 책상에 조용히 앉아 누에고치가 명주실을 자아내듯 글을 솎아내고 끝없이 엮어나갔다.

　숙종 대의 걸출한 인재, 김만중에 대해서 그의 일대기를 창작, 현재 진행 중이라고, 수시로 그 사실을 나 자신에게 입력했다. 그의 투철한 애국애족의 충심, 어머니 윤 부인에 대한 지극한 효심, 문인으로서의 빼어난 그의 문심을 시방세계에 널리 홍보하고 싶었다. 나는 일찍이 황홀경에 빠져 읽은 《문심조룡》에서

　　　　　문학은 인생의 근본이고 인생은 또 우주 법칙의 근본이다.

　라고 제창한 유학자이면서 불학자인 유협의 문학관을 참조했다. 김만중은 정통 유학자로서 불교 소설 《구운몽》을 한글로 지었다. 당시의 시대적 정서에 위배되는, 이질적이고 독자적인 김만중의 탁월한 문학관에 주목했다. 유협도 어려서 부친을 여읜다. 유협은 빈한한 가정에서 성장, 일평생 결혼을 하지 않았다. 20세 전후하여 고승 승우(僧佑)를 따라 정림사(定林寺)에 기거하면서 불교 경전을 익혔다. 그 시기에 《문심조룡》을 저술하기 시작, 5~6년에 걸쳐 두 권의 책으로 세상에 나왔다. 이는 유학에 통달한 김만중의 출생과 성장 배경, 두 번째 유배지 선천에 머물 때 사찰의 스님들과 교류하면서 경전을 공부하는 과정을 추론(推論)해 볼 수 있는 대복이었다.

유협은 《문심조룡》에 불가의 어휘를 사용했으며, 불교의 기본사상을 상세하게 밝혀놓았다. 《문심조룡》은 불교 경전의 그 구성과 매우 가깝다는 이유로, 후세의 연구가들이 많은 논쟁을 벌였다. 유협은 《문심조룡》을 50장으로 구성, 배치하면서 불경의 구성과 가깝다는 사실은 감춘다. 그는 역경(易經) 속에 내포된 우주 체계를 모방한 것이라고 말했고, 그 자신 공자의 제자라고 여겼다. 유협은 〈서지(序志)〉에서 다음과 같이 말했다.

> 일곱 살 때 나는 아름답게 수놓은 비단 구름을 보았고, 올라가서 그것을 얻는 꿈을 꾼 적이 있다. 서른 살이 넘어서는 붉게 칠한 제기(祭器)를 들고 공자를 따라 남방으로 여행하는 꿈을 꾸기도 했다. 아침에 깨었을 때 나는 몹시 즐거웠다.

유협이 어릴 때 본 구름은 오색실로 수놓은 것처럼 아름다운 구름이었다. 《구운몽》에서 김만중의 구름은 유협의 구름보다 더 다양하게 활동하는 구름이 아닌가. 《문심조룡》에서 드러난 유협의 문학관은 도(道), 성(聖), 문(文)이다. 문은 몸이 아니라 마음에 위치하고, 문학은 우주가 드러내는 마지막 단계의 중개(仲介)일 뿐이라고 했다. 유협은 우주 만물에 모두 무늬가 있는데 성령을 가진 인간에게 문(文)이 없을 수가 없다. **문학은 인간의 무늬**라고 여겼다.

유협은 오로지 능력을 다하고 평온함과 인내심을 잃지 않으면 심오한 연구를 거쳐 인간의 개성에서 천연성을 찾아낼 수 있다. 신사(神思)를 싹트게 하려면 고요함과 맑고 상쾌한 기분으로 심리적 준비를 거쳐야 한

다고 믿었다. 유협은 정림사에서 삭발, 불교 승려가 되었다가 1년 후 별세했다. 공자의 제자로 자처하고, 역경에도 해박했으나 인생 마지막은 불가의 승려로서 마쳤다.

《문심조룡》을 읽으면서 《구운몽》을 저작할 당시의 김만중의 심정을 헤아렸다. 세 번째 유배지 남해 노도 섬에 이르러서 비로소 안정과 평온을 회복하게 되었다고 긍정했다. 본시 영혼이 순수하고 맑은 김만중은 권모술수가 판치는 정가를 떠나와 고요함과 자유, 유협이 강조한 신사를 누리며, 3년여 동안 《사씨남정기》, 《구운몽》을 비롯 《서포만필》 상하권, 《선비정경부인행장》 다수의 저작을 성취시킬 수 있었던 것이다.

김만중은 성덕에 누가 될까 염려하여 왕께 바른말을 아뢴 것이다. 거기에 남인이고 서인이 끼어들 여지가 없다. 충정으로 말 한마디 아뢴 것이 불모의 땅으로 귀양 가는 중벌로 돌아왔다. 그 시대 극심한 사색당파 싸움과 왕의 왕권 강화 전략에 의해, 만고의 충신들이 줄줄이 오랏줄에 엮여 귀양 갔다. 유배지에서 생살을 저미는 처절한 고독과 싸우며, 주옥같은 저서를 집필하다가 사약을 받고, 혹은 모진 신고(辛苦)로 병사하는 일이 다반사로 일어났다.

저자로서 바라기는 장편소설 《남해의 고독한 성자(聖者)》로 말미암아 사회적 기풍, 교육 여건에 큰 변화의 물결을 일으킨다면 저자가 지향하는 작품 의도는 그 목적을 달성하리라고 전망했다.

4. 《남해의 고독한 성자(聖者)》 ㅇㅇ매를 쓰고 연말에 토지문화재단 매지사 숙소를 떠나왔다. 집으로 가는 마음은 대견하고 감사했다. 나는 오

직 330여 년 전 김만중의 고초를 상상하며 오버코트를 덮어쓰고 작업에 전념할 수 있었다.

집에 돌아와 겨울을 보내고 새봄을 맞이했다. 나는 현장 답사를 계획했다. 현장에 가서 직접 발로 밟아보고 눈으로 보는 것이 작품 완성에 유리하고, 이건 필수였다. 고속버스도 배 타는 것도 생소하니 날씨를 살펴야 하고 철저한 준비가 필요했다.

그때 난데없이 요청이 들어왔다. 불심 좋은 보살의 자서전을 써달라는 부탁이었다. 부탁을 한 분은 내가 《금강경》 독송 반에 들어가 공부한 그 단체의 K 법사님이었다. 나는 난처했다. 김만중 일대기에 담뿍 매몰된 나는 다른 청탁을 수용할 형편이 못 되었다. 그럴 시간적 여유가 없고, 내가 쓰고 있는 작품의 완성이 우선이었다.

거역할 수 없는 경우에 봉착했다. 나는 현장 답사 계획을 연기해야만 했다. 새벽부터 밤늦게까지 나는 맨땅에서 자수성가, 대부를 이루었다는 불자 보살의 자서전 집필에 열중했다. 내 작품 창작하기보다 몇 배나 더 신경이 쓰였다. 사실관계를 확인하는 절차도 시간을 끌었다. 나는 혼신의 힘을 다해 20여 차례 수정·보완, 퇴고를 거쳐 최종 원고를 발송했다. 나름 신속하게 일을 마쳤고 나는 곧 남해로 떠났다.

벚꽃이 흐드러지게 핀 3월 말이었다. 이른 아침 서울에서 출발하여 5시간 여를 달려서 벽련항에 도착했다. 멸치 쌈밥으로 점심을 해결한 후 노도호에 승선, 10여 분 정도 걸려 노도 섬에 다다른다. 바다 물빛이 유난히 푸르고 맑았다. 호수처럼 고요하고 잔잔한 물결이 평화스러웠다. 노도 섬에 내려 바다를 끼고 비탈길을 올라간다. 김만중 허묘로 올라가는 돌계단이 아득하다. 시간이 많이 소모될 것 같아서 옆길로 내려갔다. 김만중 문학관 건물이 우뚝 나타난다. 안으로 들어갔다. 관광해설사가 반갑게 맞아준다. 설명을 들으며 사진 찍고 나오니 맞은 편 동백나무 숲에 김만중이 손수 팠다는 우물터가 있고 그가 살았던 초옥도 살핀다.

양소유의 첫 여인 진채봉 동상이 바로 앞에 보였다. 팔선녀를 대강 훑어보고 더 높이 오르니, 《사씨남정기》의 등장인물들이 나타난다. 돌다리를 경중경중 건너서 노도 섬 정상, 그리움의 언덕에 이른다. 정자에 올라 사면을 바라보자 질푸른 바다가 끝도 없이 펼쳐져 가슴이 뻥 뚫리는 것 같았다. 시원했다. 숨을 고르고 나서 배 시간이 염려되어 허둥지둥 산을 내려온다. 읍내로 나와 저녁밥을 해결하고 일찍 숙소에 들어 잠을 청했다.

이튿날 남해유배문학관으로 갔다. 부지런히 돌아보며 사진을 찍어 메모를 대신한다. 먼 길을 허위허위 달려와서인가. 마음만 급하고 수박 겉핥기식이다. 1박 2일로는 도저히 관찰, 메모, 취재가 어렵겠다는 생각이 들었다. 몇 달이든 노도 섬에 들어앉아야만 글을 제대로 쓸 수 있을 것 같았다.

노도 섬에 다녀오고 나서 노도 창작실을 염두에 두었다. 먼 곳이니 자주 왕래하기도 쉽지 않고 드나들다 보면 정신이 산만하고 길에다 시간을 낭비할 것 같았다. 군청에 전화를 걸어 레지던스를 언제 개원할 것이냐. 그곳에 가서 소설 김만중 일대기를 창작하려고 한다고 두 번, 세 번 나의 간질함을 전했다.

5. 마침내 늦가을 노도 창작실 제1기생으로 선정되어 노도 창작실에 입주했다. 살림살이가 미비한 데다, 준비해 온 식품 재료도 부실하여, 끼니때마다 애로사항이 이만저만이 아니었다. 세탁기가 세탁 중에 거실 바닥으로 튀어나오고, 세탁물에 벌겋게 황토물이 들어 번번이 손빨래하는 수고를 반복한다. 수질이 불량하여 머리카락이 뭉텅뭉텅 무섭게 빠졌다. 모기 벌레는 얼마나 극성스러운지 순식간에 몸 구석구석을 물어뜯고 사라진다.

입주 한 달이 다 되어가는데도 제대로 된 글을 이어갈 사정이 못 되었다. 강원도 토지문화재단에서 1권을 썼으므로 노도 섬에서 나는 2권, 3권을 쓰려고 계획했다. 웬걸, 노트북을 열어볼 사이도 없이 시간만 흘러가니 집 떠나온 보람이 없다.

김만중이 3년 이상 머물면서 《사씨남정기》, 《구운몽》에 이어 《서포만필》, 《선비정경부인행장》을 저작한 곳, 그분의 혼이 살아 있는 곳에 와서 시간 낭비가 될 말인가. 나는 분발한다. 현장 답사 때 남해유배문학관에서 살펴본 바 있는 참고 문헌들이 나에게 필수였다. 광화문 교보문고에서는 볼 수 없던 것들이다. 친절하신 담당자께서 흔쾌히 내 요구에 응해주시고, 이곳 관리소장님이 그 자료를 전해주셨다. 감사했다.

나는 용단을 내린다. 새벽부터 밤이 늦도록 귀중한 자료를 읽고 열심히 공부했다. 심각한 문제가 발생했다. 대학원에서 공부한 것은 《구운몽》 선천 저작설이었다. 남해에 와서 자료를 두루 섭렵하고 보니 남해설로 변경해야만 했다.

남해설에 기반한 증거를 찾기 위해 제일 먼저 김만중과 관련이 있는 용문사를 방문했다. 김무조 교수 논문에는 용문사에 김만중의 혈흔이 남아 있다고 했다. 화방사, 금산 보리암, 관음포 등등을 돌아보았다. 이전의 선천설에서 남해설로 이전하는 과정이 복잡했다. 남해설에 가장 인접한 증거로 김만중이 남해 유배지에 도착해서 지은 시를 살펴보았다.

어둡고 좁은 공간 적막뿐인 곳에 나 혼자뿐이다.
삼천리를 굽이돌아 외딴섬 유배지에 와보니
작고 초라한 초가집처럼 깊은 외로움에 처연해진다.
반겨주는 이 하나 없는 외딴섬에서 어찌 살아야 한단 말인가.
지난날의 출세와 부귀영화도 하룻밤 꿈만 같구나.
(중략)
적막 속에 흔들리는 등불을 의지해 오늘도 붓을 적신다.

서쪽 변방에선 해를 지낸 귀양
남쪽 변방에선 허연 머리의 죄수
재처럼 사그러진 마음 거울 찾기 귀찮고
피눈물 흘리며 정신없이 배를 탔네.
(중략)
노쇠하고 시들어서 길이 갈까 두렵네.

앞의 시에서 만중은 적소의 초라한 초가집 '어둡고 좁은 공간, 적막뿐인 곳에 혼자'임을 강조한다. 지난날의 출세와 부귀영화가 하룻밤 꿈만 같다고 깊은 허무를 호소하고 있다.

뒤의 시에서는 서쪽 변방 선천 귀양살이에서 돌아와 겨우 두어 달 가족과 지내고, 지금은 최남단 남해로 유배 와서 자신의 앞날을 예견하는 듯, '노쇠한 이 상태로 영영 갈까 두렵다'고 술회한다. 죽음과도 같은 절망 속에서 김만중은 '패관소설을 지어 어머니의 근심을 덜어드리겠다'고 굳게 다짐한다. 유배가 풀려 임금 곁으로, 어머니 곁으로 돌아갈 희망이 보이지 않자 김만중은 무너지는 마음을 부여잡는다.

혹여 이곳에서 죽음이 닥칠지도 모르니, 글이나 남기고 가자고 울먹인다. 자신의 생명에 대해 안심할 수 없는 처지에서 김만중이 할 일은 오직 창작과 독서에 몰두하는 것뿐임을 깨닫는다.

작가적 직감이랄까, 투시력이랄까. 나는 노도 섬에 기거하면서 영혼으로 교감 되는 어떤 감(感), 나의 그 감을 신뢰했다. 노도 섬의 적적하고 막막한 지리적 여건, 김만중의 무기한 위리안치 정황, 언제 죽음이 닥칠지 모르는 풍전등화 같은 절체절명의 심리상태 등을 종합해 볼 때, 《구운몽》은 남해 노도 섬에서 탄생했다는 결론을 내릴 수가 있었다.

6. 나는 토지문화재단에서 작업한 원고를 개작했다. 새로 쓰기보다 개작(改作), 리모델링은 까다롭다. 개작의 첫째 이유로는 용문사에 상존하는 수국사 금패였다. 수국사 금패 뒷면에 새겨진 익능관 표식은 숙종의 초비 인경왕후의 능을 관리하는 관리자를 의미한다. 나는 수국사 금패를 서울 은평 소재 수국사에서 남해 용문사에 보낸 것은 숙종 대왕의 초비 인경왕후, 숙종의 장인이었던 김만기, 김만기 동생 서포 김만중, 만기·만중의 모친 윤 부인의 영혼을 달래는 수륙재를 봉행하라는 증표로 해석했다.

또한 예조(禮曹)에서 발급한 봉산수호패, 괘불탱화, 당간(幢竿), 수륙대재에 사용하는 번(幡)과 연(輦)등, 각종 불구가《구운몽》남해 저작설을 입증하는 가장 합당하고 적절한 증거라고 여겼다.《숙종실록》26권에 다음과 같은 기록이 있다. 장례비를 부탁하는 글이다.

김만중이 어머니 윤 부인의 상사를 당하여 장차 전택을 팔아 장사를 지내려고 하니, 바라건대 거기 필요한 물품을 공급해 준다면 아마도 인경왕후의 혼령이 기뻐하실 것입니다.

이로 미루어 보건대 김만중이 유배지에서 별세하자 왕실에서 적소와 가까운 지장 도량인 용문사에 수륙재에 필요한 불구를 보낸 것으로 추정했다. 김만중을 '만 번 죽여도 아까울 게 없다'던 숙종 대왕은 김만중 사후 6년 1698년(숙종 24년)에 관작을 복원해 주었다. 1706년(숙종 32년)에는 김만중의 효행에 대해 정표를 내렸다. 이는《구운몽》남해설을 증명한다고 볼 수 있었다. 용문사 주지 승원(承遠) 스님께서 말씀하셨다. 법보신문에 남해 용문사가 수륙재를 지낸 지장 도량으로서의 역할을 했고, 당시에 지장 도량으로 정평이 났을 거라고 말씀하셨다.

임진왜란(1592~1598년) 때 용문사는 사명대사가 이끄는 승군의 주둔지였습니다. 임란으로 희생된 영가를 천도하기 위한 '통제영 수륙재'를 지냈다는 기록이 있는데 사견이지만 통제영 수륙재 봉행에 용문사가 나름의 역할을 했을 가능성이 있다고 생각합니다. 그렇다면 그 당시의 용문사는 지장 도량으로 정평 났을 것입니다. 그 후

숙종(재위 1674~1720년) 때 남해 앞바다를 지키는 호국 도량 즉 수국사(守國寺)로 지정됐는데 이를 방증하는 금패(金牌)가 남아 있습니다. 학술회의를 열어 통제영 수륙재와 수국사 용문사의 연관성을 짚어보려 합니다. 한 가지 확실한 건 지장 도량으로서의 용문사 역사는 짧게 잡아도 숙종 때까지 올라간다는 것입니다. 용문사 유물관은 복장에서 나온 지장 유물 한 점을 소장하고 있는데 지장보살과 시왕(十王)** 조성에 보시한 사람의 이름까지 나옵니다. 이것은 숙종 재위 때의 문헌입니다.

임진왜란 때에는 용문사 승려들이 의승군(義僧軍)이 되어 삼혈포(三穴砲)를 사용하여 왜병과 싸웠고, 호국사찰, 지장 도량으로 이름이 높았다. 숙종(1675~1720년) 때 수국사로 지정하고 경내에 축원당을 건립해 위패를 모셨다. 숙종 때에 하사받은 연옥등(蓮玉燈) 2개와 촉대 1개, 번(幡)과 수국사금패(守國寺禁牌) 등이 있다. 연옥등과 촉대는 일본이 빼앗아 갔다. 또한 연(輦)은 당초에는 용문사에 소장되어 있었는데, 태조 이성계와 관련된 유물로 잘못 판단하여 현재는 진주 이씨 문중에서 보관하고 있다. 번(幡)은 축원당에 걸어두었던 궁수(宮繡)와 궁중 매듭으로, 세로 147cm, 가로 32.5cm의 비단에 "南無大聖引路王菩薩(나무대성인로왕보살)"이라고 수를 놓아 그 둘레를 매듭으로 장식하였다. 또, 수국사 금패는 용문사가 수국사로 지정되면서 경내에 축원당을 새로 짓고, 위

** 시왕(십왕, 十王): 시왕이란 사후세계에서 인간들의 죄의 경중을 가리는 열 명의 심판관을 말한다. 그 열 명은 진광왕(秦廣王), 초강왕(初江王), 송제왕(宋帝王), 오관왕(五官王), 염라왕(閻羅王), 변성왕(變成王), 태산왕(泰山王), 평등왕(平等王), 도시왕(都市王), 전륜왕(轉輪王) 등이다.

패를 모심에 따라 세조의 큰아들 덕종으로 추존된 의경 세자의 명복을 빌어주기 위한 경릉관(敬陵官)과, 숙종의 초비 김만중의 질녀 인경왕후의 익릉관(翼陵官)이 발급한 것으로 지름 14.5cm의 원통형 나무로 되어 있다고 한다.

7. 나는 더 고민하지 않았다.《구운몽》저작 장소를 남해 노도 섬으로 확실하게 이적했다. 사찰에서 지극정성으로 100일 기도를 드리듯,《남해의 고독한 성자(聖者)》2권, 3권 분량을 성심으로 집필했다. 집에 돌아와 출판사의 권고를 받아들여 한 권으로 압축, 그 과정에서 또다시 힘든 시간을 보냈다.《남해의 고독한 성자(聖者)》는 토지문화재단까지 합쳐 햇수로 3년여 동안 각고의 노력으로 이룩한 결실이었다. 몰두의 시간은 축복이었고 몰두, 몰입에 대하여 '축복'이라는 말 말고는 덧붙일 말이 더 있을 것 같지 않다. 남해군의 숙소와 자료 지원, 노도 섬 국립공원 관리소장님의 헌신과 봉사, 노도문학관 관광해설사의 친절한 도움, 노도 섬 주민들의 노도 섬 작물 지원, 노도 창작실 제1기 입주작가들의 따끈한 우정도 든든한 기여였음을 밝혀두고자 한다. 그뿐 아니다. 내 가족들의 아낌없는 응원도 지대한 공헌과 영향을 끼쳤다. 변영희의 일명 '김만중 일대기' **장편소설《남해의 고독한 성자(聖者)》**는 이렇게 세상에 나왔다(《여기HERE》통권 56호기고).